尷尬

香港社會還未進入一國兩制的議題

尷尬

香港社會還未進入

一國兩制的議題

呂大樂

OXFORD
UNIVERSITY PRESS

Oxford University Press is a department of the University of Oxford.
It furthers the University's objective of excellence in research, scholarship,
and education by publishing worldwide. Oxford is a registered trade mark of
Oxford University Press in the UK and in certain other countries

Published in Hong Kong by
Oxford University Press (China) Limited
39/F, One Kowloon, 1 Wang Yuen Street, Kowloon Bay, Hong Kong

First edition published in 2020

尷 尬
香港社會還未進入一國兩制的議題

呂大樂

ISBN: 978-988-870243-5

This impression (lowest digit)
3 5 7 9 10 8 6 4

目　錄

圖表目錄

放在前面的後記

本書的主要部分在2019年2–3月間完成。但如我在〈序〉所交代，對於一國兩制的思考，始於2010–11年前後。當然，那其實也並非首次探討一國兩制所存在的矛盾和張力——自己在2008–09年前後，開始在生活經驗的層次上感受得到，一國兩制在香港的實踐過程中，很多問題早已超越了原來所預見的範圍，並初步作出評論。我甚至覺得，陸續出現的種種問題，其性質已顯然有別於在九七回歸前及1997年之後初期的種種想像。今天，對於一國兩制的實踐經驗，我們需要更全面的、更多角度的反思。

不過，在爆發因「反修例」風波而出現的社會、政治危機之後，我便將差不多完成的書稿放回檔案夾內，覺得在新的政治環境、氣氛底下，討論一國兩制的議程，已發生了根本的改變。例如：當我問一些年青朋友對如何修訂一國兩制的框框時，的確有不少人的回應是「這個題目還值得討論嗎？」。在好些人的口中，一國兩制早已拋出窗外。如果重新作出選擇，他們根本就不考慮接受這樣的一個制度設計。群眾有此情緒，不難理解。2019年下半年香港社會所經歷的衝擊與轉變，確實史無前例，很多人對一國兩制失去信心，實屬預期之內的事情。問題是日後當事情(暫)告一段落時，無論主觀上是否喜歡、接受，恐怕仍很難可以完全擺脱關於一國兩制的討論。撇開種種情緒化的反應，一國兩制依然是政治辯論的起點。

我知道，有些人會認為，很快便變天了！徹底的制度性改變，指日可待！那便再沒有需要在一國兩制的框框內兜兜轉轉，而既然如此，那又何來認真思考的必要呢？也有一些人覺得，雖然一國兩制很難會突然消失，但進入這個題目並且參與討論，很容易會犯上「政治不正確」的問題，被人指摘背棄理想，所以還是避免正面談論為佳。亦有一部份人於心裏很想修改基本法，爭取更大的「高度自治」空間，不過卻擔心現在任何跟北京的政治討價還價，只會落得進一步收緊一國兩制，自討苦吃，於是他們也一樣不談論一國兩制。

面對一國兩制這個大題目，不同取向、選擇的香港人都不容易拿定主意，好好想清楚，究竟要做些甚麼？怎樣做？

以前，遇上這種情況，大家的反應會認為需要研討、辯論。現在，更常見的回應是情緒化的叫喊，以立場畫分不同意見，要求別人表示態度。感覺是挺沉重的，言語之間很多時候都要界定是非、黑白、對錯。或者這就是政治運動的氣氛與邏輯，就算是反威權的大浪潮，其實也不會想聽到相反的意見。在這樣的情況下，分析、議論淡出於政治、公眾空間。

不過在所有政治運動的高潮過後，都要重新考慮一些很多人不想面對的問題，例如長遠來説香港特別行政區如何處理與北京的關係？怎樣的一國兩制安排才可以滿足不同的利益、期望？有些人嘗試巧妙地避開這些個題，他們慷慨激昂地演説：「既然這麼爛，我情願不要(一國兩制)了！」但實際上這種想法可以怎樣操作呢？怎樣的操作才能説服大部份香港市民，這給他們帶來美好的將來呢？

一國兩制不會通過集體的文化政治想像而消失，它的內涵亦不會因為集體的想像而改變。撇開很多人的主觀願望，在未來一段頗長的日子裏，一國兩制依然是一個重要的議題。從這個角度來看，無論打開這個話題是如何的不討好，我們始終需要正面面對一國兩制。

我可以想像得到，將來總會有一則書評會對本書提出這樣的批評：「請你不要將你個人的尷尬，説成為香港的尷尬！」

又或者，「請你不要將某些(例如：中產階級)香港人的尷尬，説成為香港的尷尬！」。

若然不將一國兩制奉為現實，那大家大可另作選擇，自由想像，建構另一種(或多種)可能。之所以尷尬，只因缺乏想像力和勇於想像的勇氣而已。

不過，沒有人願意講清楚，究竟自由想像有沒有一個範圍？

近年經常聽到一種意見，在嚴厲批評過一國兩制之後，又希望2047年之後繼續一國兩制。當然，同一句説話裏面，一國兩制一詞出現兩次，而前後的意思可能完全不同。不過，單純是語言上的技巧，改變不了實在的問題：一國兩制是由單邊決定的嗎？這恐怕又是另一個令人尷尬的提問。

當然，還有時下流行的「新冷戰」的分析，香港處於中美角力的夾縫之中，未來發展完全取決於外在宏觀因素，斟酌內在矛盾、制度缺陷，基本上是浪費時間。於是，有人等待「中國崩潰」，也有人等候西方民主國家打救。這些想法是否很有實際作用，相信日後的發展會證明對或錯，自有分曉，現在毋須急於下結論。只是我們也見過不少例子，成為所謂的國際關注之後，並不等於從此便走上康莊大道，隨心所欲，心想事成。再者，國際關注往往隨着國與國之間的關係、利益佈局的變化而轉變，最終是怎樣的結果，與是非對錯沒有甚麼關聯。當關注冷淡下來之後，我們還是需要制度建設的老問題。

定稿之時，又發生了新冠狀病毒疫症，這進一步叫人思考，究竟香港作為一個對外開放的全球城市，需要如何處理跟資訊並未完全自由流通的內地城市保持緊密接觸？究竟在一國的框架底下，香港需要怎樣維持兩制的管理？怎樣的管理才是具備兩制特質的方法？這類問題不容易找到答案，但在思考過程中，同樣需要我們在一國兩制的框架內想得更深入。

於是，我又重新將書稿拿出來，並完成了這個版本。

2020年5月11日

將檔案傳送編輯之後，不到兩個星期，便有訂立「港區國安法」的事情。一時之間，很多人大叫「一國兩制已死！」「香港已死！」。但如無意外，香港未死，而我們仍要面對一國兩制。事實上，種種事情只進一步加強我的看法：做好一國兩制，需要有一種珍惜和小心經營的意識，雙方如是。

2020年5月27日

序

上世紀八十年代初出現「香港前途」問題的時候，剛好是自己大學本科畢業後不多久，正在香港大學修讀碩士課程的階段。那個時候的香港社會和香港人躊躇滿志，儘管不是人人安居樂業，生活得意，但很多人都頗滿足於現狀，有着一種之前未有的信心。可是，突然之間香港的政治前途不再是一個假設性的問題，而是成為了一個很實在——不再是不一定要有結果的隨便談談，而是要具體地處理和解決——的議題，同時1997也不再只是一個在「借來的時間」裏「遙不可及」、不會在現實中出現的年份，而是擺在面前的「大限」。前途問題的出現，令整個社會陷於一個空前未有的不安狀態，各界都不知如何回應如此重要的一個題目。當時社會上人心惶惶，有一種大限將至的感覺。而那份焦慮，更準確應說是一種恐懼，一直由八十年代初延續到九十年代中期，足足十至十五年時間；可以想像，其他社會很少會發生相類似的經驗。

市民的恐懼、徬徨，完全可以理解。我輩父母多屬移民，戰後由內地遷移來港生活。當中不少曾親歷1949年革命後內地的種種變化、政治運動。而他們的經驗也直接影響到我們的那一代。那種影響並不只限於個人及家庭經歷的敘述，而是結合到很實在的生活經驗。雖然並不是每一個香港人都會直接認識偷渡來港的人士，但我們心裏清楚知道，那冒着生命危險而追求人身自由、安全的經歷，肯定不是開玩笑的事情。而在文化大革命期間國內的狀態，以至在香港出現暴動，歷歷在目。由五、六十年代(那視乎遷移到港的日子)到八十年代，那對很多香港家庭來說，是一段並不容易但終於可以安頓下來的日子，所以當「香港前途」問題正式登上社會議程的時候，這差不多等於說一切又要重頭開始，另找安身之所。從這個角度來看，我們可以明白為甚麼當年「移民潮」會以每年數萬人的規模出現。

當時那種情緒、感覺、集體心理直接影響到社會大眾抱着甚麼態度、以甚麼方法來回應——在個人層面上，在社會層面上——因九七而起的種種問題。對於後來所發生的很多事情，都需要我們掌握這些相關的背景，才可以有較為準確的瞭解，否則當時很多重要的(在該歷史時刻裏似乎是講得通的)決定，就會顯得難以理解。

今天，我們站在2020年的位置之上，所看到的當然跟之前的很不一樣。說句「早知如此」又或者「不是早就說過了」，並不困難，但這樣做不會幫助我們面對擺在面前更多的、更複雜的種種難題。坦白說，誰不想當年便已經有一個完美的方案，把要處理的問題全部解決。但現實並不如此，而且更不會是這樣。所謂歷史的局限，並非只是一個名詞，而是確有這樣的一回事。當時的想法、決定，是歷史環境底下的選擇，而這些選擇直接或間接地、局部或全面地構造了我們眼前所見到的現在。當然，一個社會不會因為既成現實的存在而無法尋求轉變，可是在追求改變的過程中，也需要深入認識為甚麼某些框架、約束會出現在我們身邊。更重要的是，總結過去的經驗的意義在於面對及展望將來。後面各章的討論，在檢討八十年代制訂「一國兩制」框架時所遺留下來的問題之餘，也包含着對未來的探討。

這本小書的主題是「一國兩制」的內在矛盾和香港在處理相關問題時的尷尬處境。對很多人來説，這些問題不好講。而如果真的要講的話，也實在也很難講得坦坦白白。一方面，這跟整個「香港前途」問題本身有關：「一國兩制」打從一開始便是一場各方妥協的結果，沒有一個絕對的贏家，所得出的結果既是各取所需，也是各有讓步。它的運作乃建立在一種頗為微妙的平衡之上，只要某些條件發生變化，便難以維持原來的狀態。另一方面，我們每一個人都有自身利益嵌於相關的制度安排之中，很多時候對「一國兩制」認真評論，先要對自己坦白一番。但對自己坦白，往往卻不是很容易便做得到。

本書之主要內容及想法，源自拙作「終於需要面對未來：香港回歸及其設計上的錯誤」(刊於2011年出版的期刊《思想》，第19期)。有關的看法更完整地在「龍應台文化基金會」所主辦的「思沙龍」(2016年8月13日舉行)上，以「尷尬的香港，準備中」為題的演講發表。部份演講的內容又以「尷尬的香港，仍在準備中」作為題目，發表於第161期的《二十一世紀》(2017年6月)。在這段時間內，好些想法散見於本人在《明報》、《信報》、《經濟日報》發表的評論文章之中。本書的內容或可理解為上面所提及的評論的重新整合，現在重新整理出版，旨在拋磚引玉，引起更多對「一國兩制」的認真檢討。在寫作的過程中，我將盡量減少引述參考文獻，以免議論及閱讀都難以一氣呵成。所以，除了直接引文之外，我便未有直接說明出處。不過，在一些較有爭議的社會觀察與分析，我在文中插入了參考材料的「小盒子」，讓讀者明白某些看法是有客觀數據所支持。

轉眼間，回歸已經二十三年有多，在實踐「一國兩制」的路途之上，不可能甚麼都沒有發生。否認當中存在矛盾、衝突是自欺欺人，但又如果因為認為有矛盾、衝突，看到負面現象而否定「一國兩制」，也未免意氣用事。擺在我們面前的最大挑戰，是如何瞭解問題的根本，同時怎樣去克服困難。我不相信這些問題有簡單的答案，不過承認它們的存在總比避而不談的好。就算發生了「反修例運動」，也不會令我覺得最好連一國兩制也無謂多談了。事實上，剛好相反，認真反思一國兩制，是當下香港社會最重要的議題。

導　言

沒有進入問題的尷尬

究竟九七回歸是怎樣的一回事？其實，至今仍未說清楚。這似乎是有點奇怪，但現實又的確如此。這是香港的尷尬之一。

由當初(在上世紀八十年代初)赫然發現，原來1997並非只是一個隨便説説和很遙遠的年份，到今天已經是回歸後的第二十三個年頭，在某一個意義上，香港人還未真真正正的進入一國兩制的議題之中。就算爆發了2019年的「反修例運動」，在社會運動的發展過程中表達出這個或那個觸及一國兩制框框的訴求(例如：「五大訴求」中對特首、立法會選舉進行改革的的要求)，我們所聽到見到的主要還是一些不滿、要求，而不是在這個議題上思考「怎麼辦？」。我會明白，一些抗爭者而言，他們根本就不接受一國兩制框架所加諸於身上的種種束縛，既然如此，又何來進入議題的需要呢？的確，這是一種選擇，但卻並非唯一的可選項。究竟還有甚麼其他可能性？要探討這個問題便必須進入議題，並進行深刻的反思。不過，到目前為止，我們還未真真正正的進入一國兩制的議題之中。

在這裏也需要指出，我在這裏要談的，並不是一些內地人士經常講的人心回歸的問題(即港人在心態上仍停留在殖民地的年代，而未有真正擁抱國家)，而是時至今天，經歷了(由中英談判至今)三十多年的政治過渡，香港人始終仍未有發展出一套立於一國兩制的基礎之上的香港論述。

問題倒不是香港人避談香港，而是對很多存在於一國兩制框架裏的矛盾、問題，始終不想正面面對*。從中英談判、制訂基本法、踏入九七過渡、以至進入後九七的階段，當中內在的和外在的環境發生了不少變化，各種潛在已久的矛盾陸續浮現，同時亦不斷出現了新的問題。然而，整個香港社會卻似乎是偏向於對此感到焦慮，覺得混身不自在、躁動不安，而不是重新思考究竟香港要面對的，是怎樣的一個(或多個)問題。

這一種精神狀態自回歸以來一直如此，而在苦無出路

---

* 從某個角度來看，北京也不見得有進入議題的自覺。它處理香港問題的態度和方式，只在於「收」(收緊)與「放」(放鬆)之間的考慮，回應眼前的問題，而不是深入瞭解一國兩制本身所存在的張力、矛盾。而更有趣的是，當國家領導人拋出「深層次矛盾」一詞之後，就更加容易將各種問題搪塞過去。很多時候，問題、矛盾都只是視為「文化上的滯後」(例如「戀殖」、人心未回歸)，又或者是深藏於經濟基礎的問題終於浮面(例如年輕人在社會流動上所遇到的困難)，而不會直接面對已經很表面化的制度裂縫(對民主化的訴求)。

的情況下，近年陸續爆發各種不同形式的行動、衝突。以行動、衝突的方式來尋找出路，此乃社會變遷所表現的一種方式，在歷史上時有發生，沒有甚麼值得大驚小怪。可是，話又得說回來，目前我們在香港所見到的行動、衝突，似乎一直都是由一次事件連接到另一件事件，而未能集結出新的目標、方向、願景。2014年爆發了「雨傘運動」，表面上大家花了很大氣力，嘗試帶來改變，但卻又不覺得能夠邁步向前。2016年農曆新年初一的旺角暴動，就根本只有動作而沒有內容或者議題。而2019年「反修例運動」將衝擊推上到更大的規模，但一樣承襲了之前兩次社會衝突的特點，就是沒有進入現有的政治框架之中，從中摸索改變的空間。這些社會運動沒有發展出甚麼談判、議價的元素，主要是只有「全贏」或「全輸」二選其一，基本上不會在既存的框架內尋求空間。又由於這是一場「全贏」或「全輸」的遊戲，路線是否「純正」變成為很重要的考慮點；任何「中間落墨」，或者議價的意圖都會招來懷疑。

當然，很多人對此會有這種即時的反應：那只是因為北京不願面對港人求變的訴求而已；千錯萬錯，錯在北京堵塞了任何尋求轉變的可能，以至很多人——特別是年輕人——但求將情緒表達出來，而不求實際的目標或解決方法。這種說法當然有其道理，而北京沒有怎樣考慮某些手段、表達方式所可能在香港產生深遠的負面影響的處事方式，也實在是一個問題。不過，講過這些說話之後，始終還是需要回到實在的生活：就算是對現狀百般的不滿意，仍要想想明天、下一個月、明年、後年、五年後、十年後怎麼辦。這不是接受現實，而是要想辦法從現實中出發，並且解決問題。

作為一個問題，或者香港的前途確實較我們所理解和想像中的複雜。而更重要的是，這個問題在不同階段，其性質與社會的回應又不盡相同。我們或者可以這樣說，香港前途並不是一個單一問題，而是在社會及政治環境不斷轉變的情況底下，它亦隨之而有所變化，所以問題有着不同面向、多個層次。要簡單的作出歸納，的確不是一件容易的事情。

今天，我們立足於回歸後二十三年的環境裏，所看見和需要處理的問題，其實跟之前的明顯地有所不同。而今天的困難，又絕非只是一些歷史遺留下來的「手尾」那麼簡單。或者在一些年輕人眼中，假如當年上一代人在面對香港前途問題時，能多一分堅持，爭取一個更好的安排(或甚至索性就不要回歸)，便不會出現今天的問題。但這類「如果沒有發生……事情會否不一樣」的假設性想像，基本上不會幫助香港人去面對眼前的和將來要處理的問題；這類想像最多只能為一些人帶來短暫的心理舒緩，令人覺得眼前所見到的現在(尤其是那些難以逆轉的消極因素)，都只不過是前人遺留下來的東西，既與自己無關，又可以憑着個人主觀的願望而重新解讀其意義，或重新想像它在政治上的重要性。但現實中遇到的困難，其實是制度束縛所產生的效果，而這並不會按個人的主觀意志而轉移。而更重要的是，前人未曾(或未能)處理或解決的難題，到了今天的處境又已經轉化為另一種問題、另一類問題，只會是更加複雜、困難，而不會突然解開。香港人應該怎樣去應付這些難題，確實是一項挑戰。

但我想問的問題是：究竟香港人有沒有很認真的思考，那是一些甚麼問題呢？或者我們應該對自己坦白：九七回歸是個甚麼問題，至今仍未說清楚。

我們在回歸之後經常擔心是否失去了些甚麼(而很少會問：我們未有做些甚麼？能做到甚麼？)，憂慮整個社會於制度上是否今非昔比；這是「後九七」的一種集體社會心理。久而久之，每發生一件事情，都會很快聯想到又是另一個倒退、蒸發、消失的例子。最初的感覺是這個不好，那個叫人覺得很不自在。再發展下去，開始美化、浪漫化舊日的日子——尤其是對於1997年以前的事物，選擇性的重組記憶。而時至今天，普遍的對特區政府失去信心、信任。而造成憂慮的更重要因素，是近年北京的舉動及其對角色的重新定義。

經過了回歸後十年左右香港特區與內地關係逐步改善之後，在2008–2009年前後彼此的關係出現了微妙的變化。市民大眾——尤其是較年青的一代——對「中國因素」的理解出現了明顯的轉向，而這個現象應該如何解讀，尚有很多需要瞭解和可以討論的地方(見「參考材料一」)。這裏相關的主要問題是，中共又再次被視為一種

參考材料一

大部份持「人心未回歸論」的論者假設，香港人——尤其是年青一代——不願意接受回歸的現實，而出現抗拒國家及內地人的情緒。至於不接受回歸的現實的原因，有的認為是「戀殖」，也有的認為是缺乏民族或國家意識。這種論調強調本質，即部份香港人本質如此，是舊制度遺留下來的問題，必須運用全新的手段，由上而下的將這些人的心態改變過來。

不過，現有的社會調查數據卻不見得支持上述觀點。趙永佳曾於2016年發表題為「香港2008，無關痛癢還是民心轉捩點？」(https://theinitium.com/article/20160517-opinion-stephenchiu-2008/)，通過整理不同的社會調查資料，指出2008年乃香港民情轉變的關鍵年份。他引用了分別由香港中文大學亞太研究所(圖1)及香港大學民意研究計劃(圖2)所進行的社會調查，有關受訪者身份認同的回應，當中發現認同中國人身份的年輕人，在2008年年中開始下降，略經調整後更是大幅度下滑。基本上這兩個獨立進行的調查所展現的形態，沒有顯著分別。

圖1所顯示的身份認同狀態，有兩點值得注意。一是香港青年的中國人身份認同，並非由1997年開始便逐年下降。事實上，回歸之後一直到2008年的高峰，抱此認同的青年是逐漸有所提升。如果一切均是殖民制度遺留下來的問題，則很難解釋為何回歸後的第一個十年，大致上國家的認同會有所加強。與其將問題全部推到殖民歷史之上，不如認真想想為甚麼中國人身份認同經過一輪加強之後，由2008年開始出現了大逆轉？

第二、在2005–2008年間，認同中國人身份的青年和中老年的百分比很接近，甚至兩次出現交叉，即他們的百分率是一致的，年輕的組別趕上了成年人組別，兩者不存在顯著差異。但在2008年之後，則彼此的差異愈見顯著。同樣，這是需要解釋的，而這基本上也不可能全由「殖民地餘毒」的說法來提供答案。

鄭宏泰和尹寶珊在評論文章「香港與內地融合進程的反思」(《明報》2016年9月30日)亦報告了他們利用香港中文大學亞太研究所的調查數據，其中展示出受訪者歷年對中央政府的信任的轉變(圖3)。他們的觀察也是回歸後大致上逐漸增加信任，但到了2009年則明顯地逆轉，迅速下跌。同樣，年輕人並非回歸後一直不信任北京，而是在2008–09年間因種種問題(如推出深圳居民「一簽多行」政策，令即日往返的內地遊客大增)，而起變化。

更深入的分析可參考黃子為、鄭宏泰、尹寶珊，〈香港「八十後」和「九十後」的政治信任〉，《當代中國研究》，第25卷第1期，2018；Kevin Tze-wai Wong, Victor Zheng and Po-shan Wan, "The impact of cross-border integration with mainland China on Hong Kong's local politics: The individual visit scheme as a double-edged sword for political trust in Hong Kong." *The China Quarterly*, No. 228, 2016。

圖1　身份認同——中國人

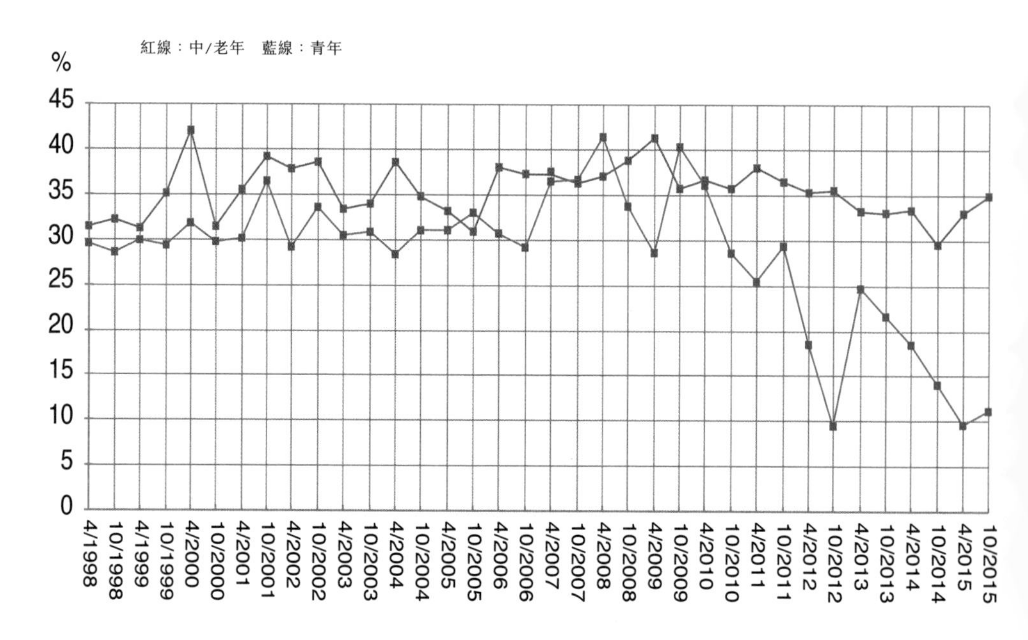

資料來源：香港中文大學香港亞太研究所社會與政治發展研究中心。

鳴謝：得上引文原作者允許轉載，特此致謝。

圖2 身份認同——廣義中國人

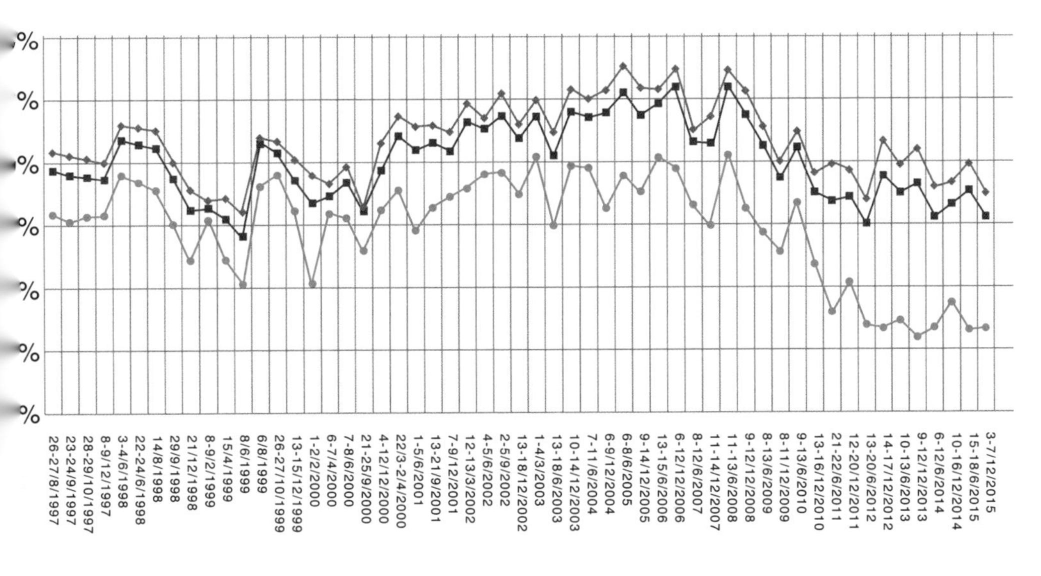

調查日期

資料來源：香港大學民意研究中心計劃。鳴謝：得上引文原作者允許轉載，特此致謝。

圖3　香港人對中央政府的信任與內地訪港旅客人數

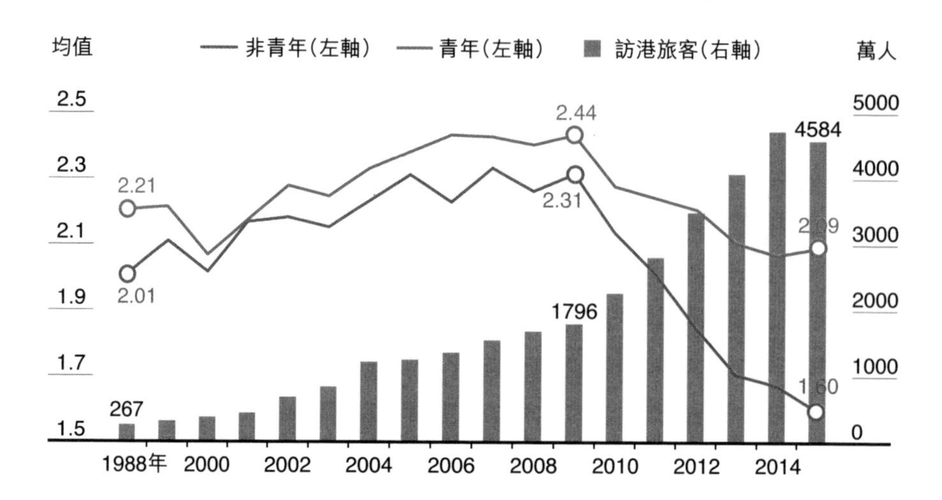

資料來源：香港中文大學香港亞太研究所歷年全港性隨機抽樣電話調查。鳴謝：得上引文原作者允許轉載，特此致謝。

威脅，不過這次跟上世紀八十年代的情況，又不大相同。

以前是對中共的恐懼和抗拒，可以的話，最好是避開這個問題。在那個時候香港仍是英國的殖民地，儘管到了七十年代後期中港兩地來往轉為頻繁，但基本上是香港採取主動，並且對內地的社會、經濟轉變發揮很大的影響力。更重要的是，在當時的環境裏，香港可以跟內地保持距離，而後者也不想完全改變某種適可而止的互動關係。在當時很多人的想像中，市場經濟既可以是香港進軍大陸的「武器」(因為對方既欠資金，又缺乏對世界市場的認識，而它處於市場改革的初階，肯定需要香港的幫忙)，也可以是一幅「防火牆」，因體制上的差異，而令兩地保持分別和差異(而當北京意圖進入時，亦會因為香港人熟悉市場經濟，而可以事事處於上風)。儘管大多數香港人都不想正面面對政治前途的問題，他們始終仍可想到一些東西，幫助減輕焦慮。

在那個時候，香港人對中國大陸的抗拒和恐懼，很大程度上是建基於過去(由家庭的經歷到個人直接的經驗)。雖然存在恐懼，但卻總有辦法可以令個人在心理上好過一點。一種方法是移民；這是一種購買「政治保險」的做法，將來無論發生甚麼事情，個人有辦法抽身而去，毋須因政治環境有變而個人需要承受風險。不過，在香港的人口裏面，只是少數人具備條件移民到另一個國家，而對大部份港人而言，他們並沒有選擇這一種手段的可能。對很多未能移民的港人來説，他們面對香港政治前途不明確的回應，如果不是無奈的話，便是將希望寄託於當時似乎逐漸走上軌道的開放改革之上。

作為寄託，那自然很大程度上是主觀願望，而在八十年代過渡至九十年代中間難免會受到內地政治形勢變化所影響，而不是一直保持樂觀的。1989年的六四天安門事件所帶來的衝擊，是筆墨所難以形容的：武力作為政治的最後底線，完完全全的暴露在所有人的眼前。對中國的威權統治，再難言任何信任。事件過後，很多港人加快辦理移民。不過，我們也要明白，共產黨領導和中共政權並沒有因為發生天安門事件而崩潰，反之其後鄧小平「南巡」，開放改革不單只未有收縮，而是加大力度，並且帶來了更快速的經濟增長與發展。於是，在逐漸接近1997年的日子裏，對於中共的憂慮雖未至於完全消除，但可以憑着經濟改革的速度、社會走向自由化的步伐，作為新的衡量、評估形勢的標準。

但現在我們所見到當前香港社會的情況，則是由於對現在的處境和對將來的想像，而引起反彈。今天，香港已成為中國的一部份，理論上已不再存在舊時那種對於回歸的不確定性的憂慮；是好是壞，基本上都已成事實。不過，**問題是回歸本身卻未有解決港人對不確定性的憂慮。或者我應該這樣說，回歸為香港帶來了新的不確定性，由一種不確定性轉為另一種不確定性**。而這種憂慮較之前的更難化解，而它們所產生的心理壓力，與日俱增，不斷增加、累積。

從某個角度來看，我們早就應該對此有所準備的 ——對香港社會和香港人來說，回歸不應該是一個終結，而是另一個開始，同時也因此而需要有所準備。但諷刺的是，回歸的一項特點是現狀不變，那對很多人來說又何來要為了新的環境、形勢而早作準備的需要呢？

如此這般，在政治過渡的過程中，我們集體不自覺地進入了「後九七」的新環境。

第1章

歷史妥協

我們或者需要明白，上世紀八十年代初，當時香港人是在沒有太多心理準備的情況下，突然之間要認真地面對香港的前途問題的。

問題突然很具體的擺在面前，難免會顯得不知所措。

之前(即1979年)港督麥理浩到北京訪問時跟鄧小平見面，帶回來「投資者請放心」的一句説話，令不少人以為香港的形勢大好，大有希望可以維持現狀不變。以當時內地剛結束文化大革命不多久，而同時又才起步推行「四個現代化」和開放改革的中國而言，如何充份利用香港，應該是重要的戰略考慮。以當時香港所擁有的優勢來説，很多香港人認為大陸必須平衡各種考慮、利害得失，而不會貿貿然收回這處英國殖民地(當年的説法是難道中共會宰掉「生金蛋的金鵝」嗎？)，這並非完全沒有道理。可是，事情發展下去，卻出乎他們所料。

戴卓爾夫人訪問中國之行，不是確保現狀得以維持，而是打開了前途談判和香港回歸的過程。在這樣的情況下，儘管香港人不得不嚴肅對待政治前途的問題，當時主流的回應卻仍舊是想辦法將現狀保持下來。有人提出中英續約的想法，也有所謂主權換治權的說法，就算只是將回歸的日期延後，那也會視為一種解決問題的方法。

這是香港的尷尬之二：所謂香港前途問題，從來都不是追求一個將問題圓滿解決的方案，而是想辦法怎樣可以令現狀不會發生巨變。

保持現狀(儘管對於何謂現狀，各有不同的理解)是當時整個社會的主流意見。這一種心態和想法為日後陸續呈現出來的社會矛盾埋下了伏線(關於這一點，後面再詳談)。

從某個角度來看，這是迴避多於正面地及全面地面對問題的處理方法。但我們必須從當時的歷史背景來理解香港市民的反應。如果沒有這一點歷史意識的話，我們很難可以明白，為何一個對各方而言都不可以說是完全滿意的安排，卻能夠成為了一個 —— 至少暫時 —— 回應了群眾的憂慮的方案。香港前途問題的處理，從第一天開始便不是追求一個把事情圓滿解決的安排；對在整個過程中的每一方來說，最終的決定，仍有這個或那個的不妥善之處，只是因為沒有一方擁有壓倒性的力量，令其他牽涉其中的利益按它的意思照單全收，而要接受的一種妥協的安排。

通過「一國兩制」的概念和政策來處理香港回歸中國，是政治妥協的結果。

所謂政治妥協，涉及兩個層面。首先是國與國的層面。當初港督麥理浩訪京，其中一個與中方交換意見的題目，是關乎如何處理跨越1997年界線的物業按揭。他嘗試將整個涉及主權和殖民的題目，簡化為一個技術性的問題：1982年以後簽訂的按揭或其他相關的法律文件，由「英國維持有效管治」一詞，取代「1997年6月30日或以前」，那樣有關的交易、買賣、或任何商業契約都可以跨越九七，在不用正式商討租約期滿，而可以維持香港的現狀不變。麥理浩主動提出問題，部份是回應來自香港工商界的壓力；隨着時間愈來愈接近1997年，他們需要獲得保證，否則難以安心繼續投資。而他之所以這樣做，另一部份相信是基於策略上的考慮，七十年代末、八十年代初是香港佔據有利位置跟北京談論未來前途的最佳時機。所以，相當諷刺的是，本來的目的是要避免出現政治的不確性，希望維持現狀的做法，卻在有意或無意之間將香港前途問題放到外交政治的議題上。

對英國而言，他們當然希望可以在交回香港之後，繼續產生某種影響力(由商業聯繫到輸出各種服務)，但在此以前，必須先要處理將香港歸還的問題。當時是八十年代初，「冷戰」時期的政治氣氛還未完全改變過來——對一個所謂的西方民主國家來說，將一個殖民地交還給社會主義威權統治的中國，需要找到一個能夠自圓其說的説法。熟悉從殖民地撤退的英國當然不會不知道整個政治程序的複雜性，而他們所講的道義和責任亦往往要看現實政治的需要而有所調整。他們對一國兩制的回應不可能太過天真。不過，我們或者也需要明白，一國兩制這個概念又的確是面面俱圓，至少站在英國的立場而言，只要這樣的安排獲得保證，這就等於將資本主義香港交給社會主義中國之後，前者的基本社會經濟狀況並不會出現制度性的改變：個人財產和自由都會受到保護。在八十年代的背景底下，社會主義國家的形象是意識形態掛帥，而不是現時那種實用主義、折衷主義，所以能夠取得這樣承諾與具體安排，已經可以演繹為一項重要的成績。更重要的是，這個談判過程在國際政治舞台上進行，而不是單一方面宣示主權，說了便算數。英國所謂的「光榮引退」，雖未必可以說服所有人，但至少也可以自圓其說了。

儘管一國兩制將會如何操作，其實誰都不能說得太清楚，但它可以為英國提供「台階」，有體面的從殖民地撤退。

至於北京方面，1949年之後的政策一直是「長期打算」，好好利用香港的特殊位置，發揮它幫助中國發展的功能。而面對收回香港的問題，北京當然關心到回歸後的香港能否發揮其期望中的作用。這說起來是頗為諷刺的，**北京所要做的，並非解放香港，同時它所需要的，也並不是收回一個社會主義的香港，而是一個資本主義的香港。**這尤其是對一個剛結束文革的中國而言，香港的經濟功能(無論是作為資金的來源，又或者科技與管理知識的橋樑)實在是十分明顯。所以，維持香港的現狀的構思，跟北京的盤算並無衝突。與此同時，面對香港社會上大部份市民大眾基本上對社會主義全缺乏信心和信任的情況，中方不能不想辦法安撫人心，令他們願意/覺得有需要作出某些讓步，容許在全國的社會主義制度之內，存在一個「屬於另一個制度的香港」。這樣的回歸過程，並不是社會主義式的解放——事實上，於北京眼中，在香港搞社會主義式的解放，對他們並沒有好處。

另一個層面，則是關於香港社會內部各個社會階層的政治妥協。

上文已略為提到，在上世紀八十年代初當香港面對中英雙方就前途問題展開談判之時，基於對中共及社會主義的恐懼，香港社會上的主流意見(無論是否認同香港乃中國的一部份)是要保持現狀不變。維持現狀似乎是最佳選擇，原因不在於現狀真的是很理想，而是如果當時的狀態可以不變，那麼香港人和香港社會就不需要面對一個更為不確的未來。在這樣的大前提底下，結果是我們給香港社會制訂了一份，完全不能應付日後因去殖民而產生的政治轉變，及宏觀的全球與區域經濟變化而帶來的衝擊的治港藍圖。我說是我們(意思是香港人作為一個集體)，並非想為當時一些建制內的保守派及其思想掩飾。當然，1997年前曾有資產階級出賣了香港之說，當中也並非完全沒有道理。但若然我們因此而以為當年很多想法，只因既得利益的取向保守和抗拒轉變，以至整個九七過渡的安排追求不變，則肯定是將問題簡單化了。我在前面之所以說我們，乃因為在八十年代的香港，社會各界(不要忘記，連親中人士也大量移民)均不想改變現狀。那種爭取保持現狀的強烈要求，成為了求變的重大阻力。當時有的怕共產黨，有的害怕長年殖民管治下所建立的利益分配及其相關的制度發生改變，有的認為要防止所謂「社會福利派」坐大，有的反對民主化，亦有不少人想過延續英殖管治；總之，各種恐懼、憂慮皆有。不變成為了當時最多人的共同意見。出現一份保守的治港藍圖，恐怕是當時的主流意願。當時在絕大部份人的心目之中，所謂九七回歸最好就只不過是形式上更換國旗、國徽，其他一切照舊，沿用過去的制度與安排，事事如常，將轉變減至最低程度。

一國兩制和「港人治港」的設計的一個重要想法，是(如許家屯在《許家屯香港回憶錄(上卷)》所言)「由當地各階層香港人，尤其資產階級自己管理」。這是基於前面談到中英雙方的政治妥協而形成的一種看法。對倫敦而言，他們倒沒有很大興趣去考慮這個問題，反正1997年之後，香港的政治權力將落在哪個階級手裏，也不影響政治過渡前期的運作。當然，既然日後香港將依然實行資本主義制度，則資產階級受到特別照顧，這也很容易理解。至於在北京方面，他們很關心收回香港的主權之後，如何確保繼續安定繁榮，因為這除了有助穩住香港的局面之外，還保證這個新成立的特別行政區可以對國家的發展作出貢獻。有見於此，他們實在有需要想辦法去團結香港的資產階級，避免出現撤資的現象，在過渡期間出現動盪，以及回歸後令香港特別行政區難以打理。

可以這樣說，北京是自覺地向香港的資產階級傾斜，偏重於照顧他們的利益。爭取資產階級的合作，乃決定將來能否成功落實一國兩制的關鍵因素。而北京亦心知肚明，香港的資本家——當中不少是在1949年前後於內地吃過苦頭而遷移到香港的——對中共缺乏信心和信任，並非完全無中生有。如何能夠穩住這個階級，是首要考慮。正是基於這種策略上的需要，北京樂於將管治香港特別行政區的主導權，交給資本家。所以，在一國兩制的框架裏，中共不單只容忍資產階級繼續自由地以其熟習的資本主義經營方式賺取利潤，同時還要有所扶持，希望他們能扮演主導社會經濟發展的角色。

關於資產階級的角色，我們在後面再談，在此只想強調一點，就是一國兩制的概念既是北京向資產階級的妥協，同時也是這個階級向中方的讓步。資產階級所獲得的保證，不單只是私人財產受到保護，而且日後香港社會在政治、經濟等各方面的運作，大致上沿用舊有的方式，「遊戲規則」不會發生重大的轉變。不過，我們必須明白，北京與資產階級的關係，又不只是單方面的作出妥協、讓步。頗為諷刺的是，他們之間有不少利益是相互重疊、一致的。舉例：他們都不願意見到全面的政治民主化在香港出現。在維持現狀——不單只在於經濟制度方面，還包括社會、政治——這個大題目上，他們之間有不少相同的利益和相近的意見。

至於中產階級，他們對香港前途最缺乏信心，對於很多口頭上的保證，他們半信半疑。儘管好些在過渡期間積極參與政治的社會人士，都屬於中產背景，但論中產階級的主流回應，其實是移民。這是通過個人的手段，來令自己放心——個人的處境可以跟整個社會的狀態分開，因為通過移民而找到「太平門」，有需要的話可以全身而退。但同時，他們又盡量爭取在港賺錢的機會；在安排家人遷移到外國之後，暫無後顧之憂。有的是全身而退，決定在外國開始新的生活；可是，不少人卻並非完全「退出」，而是在計劃移民的一刻開始，已準備回流。所謂移民，很多是安排家人獲得外國護照，而當事人則繼續留在香港努力賺錢；而同時亦有不少只想滿足取得外國國籍的要求，盡快回港。這種應變的策略並非選擇「退出」，而是要找個方法(例如擁有外國護照)，以幫助個人可以將私人的與社會的種種劃分開來——就算1997年後香港出現甚麼問題，他們仍可保護自己，將損失減至最低。這種應變的策略的使用，旨在減低個人或家庭的風險，令個人的命運不至於會因為香港社會作為一個集體出現甚麼問題而受到牽連。明顯地，這並不是一種視香港社會作為大家的生命共同體的想法，而是以個人或家庭的利益為先，在微觀的環境裏為自己尋出路的做法。這種應對策略未必有助解決問題(如果真的有解決方案的話)，但在個人層面上卻可以視為一條出路或一種選擇：憂慮可以暫時擱下，繼續在一個不確定的環境裏生活。

至於一般民眾，他們其實沒有太多選擇。如果能夠維持現狀的話，生活應該還是可以的。

在這樣的情況之下，中共保證「香港特別行政區不實行社會主義制度和政策，保持原有的資本主義制度私生活方式，五十年不變」(第5條)，平衡了各方利益，成為了他們都接受的妥協方案。我在前面已一再強調，作為一個妥協方案，它不可能完全滿足各方的期望。這到了日後人、物、環境都起了變化之後，就成為了會引起爭議的地方。不過，話又得說回來，由於達成妥協，至少令大部份人相信，曾經叫人十分擔心與恐懼的制度巨變，暫時不再是一個問題：起碼安定與繁榮還可以繼續下去。

第2章

「冷藏」香港

妥協背後的想法，是維持現狀。而所謂維持現狀，又並不單是指由中英談判開始到1997年正式回歸，期望或嘗試令當時的現狀不會出現改變，而是那個現狀到了九七回歸之後，仍要延續下去，將1997年7月1日後香港於社會經濟制度上所可能發生的轉變，減至最低程度。在大家 —— 我敢説是當時的絕大多數香港人 —— 眼中，不變、維持現狀是保留與保護香港特質的最好方法。而不會/不應發生重大轉變的想法，還要維持回歸後的(起碼)五十年。

現在事後看來，不變的想法為日後香港社會的發展帶來很多問題。**這是香港的尷尬之三。對未來不確定的前景感到焦慮而產生盡量保持現狀的想法，雖則可以消解當時的憂慮，但這在日後卻成為了一種束縛，令過去被認為是靈活和善於應變的香港社會，變得不太想(同時也不太敢)向前望。我們的未來在於過去！過去 —— 1997年以前的香港 —— 成為了很多人所參**

考的座標，是好？是壞？都會拿九七前的狀態來比較。雖然沒有人表明要回到過去，但確實在不少人的心目之中，將來能否達到那個屬於過去的標準，是很重要的參考。

這種尋求不變的心態，其實不難理解——既然過去的某種制度安排曾經運作暢順，而且又未有產生太大的爭議，那何必要作出改變呢！而轉用一種更為正面的説法，則是過去的成功方程式好應該繼續下去！既然過去的方法行之有效，那又為何需要改變呢？於是，「不變」既是害怕改變，同時也是覺得不需要作出改變。

我説過，這樣的想法是有後果的。舉例：在政治發展方面，因為以為可以不變(或應該不變)，結果是嚴重低估了去殖民地化所產生的政治衝擊。殖民時期所壓抑的政治提問——特別是關於政治授權與政治認受性這兩方面——於1997年後成為市民大眾天天向特區政府提出的問題。現在事後看來，當年有關人士沒有想到這一點，頗為不可思議。但看漏眼的又豈止於這一點。一廂情願的以為公務員隊伍只是一部中性的機器(「政治中立」的説法其實並不準確)，更換了「控制員」亦不會影響它的操作，是另一個大問題。在忽視或輕視這一點的背後，是一個有問題的假設。當年很多人以為香港基本上是一個「經濟城市」，大可沿用殖民政府那種非政治化的管治手段，經營一個「行政管理型的政府」(administrative state)，追求效率與效能，便可以應付社會對政治制度的要求。從這個角度來看，只要維持公務員隊伍的完整性，管治就可以順利過渡。結果呢？整部政府機器漏洞百出；開始時以為是第一任特首董建華先生的個人問題(例如缺乏實際管理政府運作的經驗，與公務員合作未能產生協同效應)，後來則演變為公務員神話的自行破滅。更多人想不到的是，經過「梁振英政府」期間社會分化日趨嚴重，而政府與社會的關係也愈變愈差之後，代表着公務員再次掌舵的「林鄭月娥政府」竟然會出現災難性的局面。公務員團隊作為特區政府的支柱的想法，陷於破產。而以不變應萬變的想法，更顯然是不切實際了。

而在政治改革方面，一國兩制的構思並沒有正面面對如何建設一個面向未來的政治制度的基本問題。事後證明，迴避民主化及其制度建設的問題，政治代價相當巨大。1997後香港一直在管治上出現問題，同時特區政府長期管治威信低落，經常受到挑戰，跟未有理順政制所存在的矛盾，並且一早便嘗試向前望和解決預見將來會出現的問題，有着密切的關係。

在經濟方面，當年的假設是只要香港保住資本主義經濟制度，而中國大陸那一套社會主義制度不強加於香港，便可以保證經濟繁榮。這樣的設計背後顯然存在一種對資本主義經濟的優越性的肯定，以為只要社會主義經濟元素不要越境來犯，便足以令香港經濟繼續繁榮。明顯地，這些理解是建立在一些相當簡單的假設之上。這包括三個方面：一是它們建立在一種資本主義與社會主義二元對立的理解之上，忽視了兩者各自的變化與互動；二是簡單地以為如果兩個制度真的有所接觸，趨勢應是資本主義香港進一步改變社會主義中國，而在這個過程中，熟悉市場經濟的香港應佔盡上風。三是嚴重低估了香港作為一個資本主義經濟所可能需要面對的問題。身處於世界經濟體系的香港，不可能在全球資本主義經濟出現周期、波動、危機的過程中獨善其身，而是必然捲入其中。而它本身的發展亦必須要面對其內在的問題(如產業的升級轉型)和來自外在環境的新挑戰。單純是維持資本主義市場經濟，恐怕只是管理經濟的其中一個部份而已。

前兩者導致一種靜態的理解與分析，對於中國特色的市場化沒有充份認識，關於相關的問題，我們在另一些部份再作討論。而後者則令整個香港社會在八、九十年代裏未有正視很多隱藏於表面繁榮背後的矛盾——例如因經濟轉型、工業生產北移而對本地勞動市場、機會結構所造成的衝擊。香港人滿以為只要維持資本主義經濟，便可以令香港遠遠超前於中國的經濟發展，令後者長期需要依靠這個窗口來接觸世界經濟，而同時又可充份利用內地的資源以作進一步發展(例如工廠生產北移之後，在香港與珠三角之間所出現的「前店後廠」〔即香港集中於高增值的工序並充份利用它在商業服務的優勢，而內地則扮演腹地的角色，為廠商提供廉價的土地、勞動力及其他生產資料〕的產業空間佈局)。但當回歸後本地泡沫經濟爆破，矛盾變得尖鋭之後，種種之前未曾正視和處理的問題，便全面浮現，並且意識到有需要作出反應時，已經遲了起步。

香港在1997年以後，整個特區於制度運作上不斷遇到問題，矛盾一個接一個的爆發，很大程度上是由於當初的設計並無認真考慮到將來隨着政治過渡及宏觀轉變，而在政治及經濟兩大方面所需要進行的根本改變。當年追求「不變」的妥協與共識，甚至成為了一種思想包袱，阻礙大刀闊斧進行改革。

當年各界在1997年前之所以會認為在政治及經濟制度不變，乃香港應付一個不確定的政治前景之良策，除了是那個歷史時刻底下各種利益之間的妥協之外，還因為在那個時候大部份香港人——再次強調，是由政府官員、精英階層、以至平民百姓——的確相信廣義上的香港經驗或發展模式，是大家都覺得是成功的、令人滿意的、應該一直延續下去的制度安排。到了今天，儘管很多人不願意承認自己懷舊，只顧回想昔日所謂美好的日子，但實際上在他們口中的「黃金歲月」，或所採用作為比較的指標，主要還是以香港社會在七十年代中至八十年代初的狀況為參考。於是，在設計基本法的過程之中，**存在一種「急凍」(冷藏)思維**——嘗試將當時認為能幫助香港成功，保持繁榮安定的元素，統統固定下來，寫進這份「小憲法」裏，然後到了1997年7月1日便進行「解凍」，應用到特區管治之上，便萬無一失，一切順利過渡。套用王振民在一篇題目為「一個香港、一部基本法、一種命運」(原刊於《文匯報》2004年3月16日)的文章裏的說法，是「基本法在制定的時候，起草者對香港過去的成功經驗進行了全面的、認真的研究和統計，將維持香港繁榮安定、成功的這些因素提煉為一部法律，其中一個目的，就是為了確保香港在回歸之後能夠保留這些因素，令香港能夠持續的繁榮和穩定。」

於是，「不變」成為了1997年前與後的香港社會的主調。在1997年之前，「不變」是一種穩定人心的保證：現存制度不變，維持現狀；保住過去香港賴以成功的各種經濟、社會、文化要素；將來回歸之後，一切如常運作。而在1997之後，「不變」仍是一個十分重要的座標：任何不受歡迎的轉變會被視為偏離了「不變」。

同時，我們還要明白，這種「急凍」的想法，或可在1997年前回應那批曾經歷八十年代初因前途談判而出現信心危機的香港人的憂慮(畢竟當時的主要考慮是維持現狀)，但隨着時間過去，它在新的政治、經濟、社會環境裏，不再理所當然的屬於可以切合民眾心意、期望的安排。對較年輕的一兩代人來說，這個將八十年代香港社會「急凍」的想法，其實並沒有太大的吸引力，而對不少年輕人而言，甚至是有種反感。這個狀況各有不同的解讀，但從最基本和簡單的角度入手，是由於環境早已發生變化，原來成功方程式已不再適用於另一兩代人的身上。這裏相關的問題跟哪一代人更為優越或具競爭力(如果真的存在這樣的差異)無關。事實上，只要我們冷靜地想一下，期望某一套適用於上世紀八十年代的方法、方程式，到了2047年的時候效用依然，那差不多是不太可能的事情。論客觀環境，在發展過程之中，一定起了不少變化。至於在主觀層次上，世代的差異只會隨着時間過去而愈來愈明顯。要求身處於2020年的年輕人套用八十年代的思維、策略來應付新的社會環境的挑戰，這已是頗為不可思議。而將那種安排、設計進一步伸延至2047年(即是連2030年以後出生的一代也包括在內)，就更加難以想像。

當然，我完全明白，當初所講的「不變」，並不真的是指一成不變，更不是要將原來的制度百分百固定化，而是指原來制度的基本不作出性質上的改變。但正如我在上面各段落所強調，「不變」的框框令香港人在面向九七過渡的過程中，有很多方面未有做好充份的準備，而同時也局限了我們對1997年後的想像，有時甚至會變為害怕轉變，甘於自我受制於「不變」的思維。在「不變」思想的引導下，香港好像一個收藏在時間囊之內的物體，價值在於保存，而不是發展。

第3章

靜態思維

維持現狀、強調「不變」的思想框框還附帶着一種(從現在的角度看來，頗有問題的)對宏觀環境的理解 —— 基本上，那是假設中國的社會經濟的轉變速度，不會超前於香港 —— 當時在上世紀八、九十年代確實是存在那樣的狀況，剛踏上開放改革道路的國家，其社會經濟的轉變速度實在難以跟香港來做比較。問題是：到了後來，對國家發展有更多認識，而繼續假設未來的建設軌道、節奏大致上依然如此，則現在事後看來就是很有問題的想法。**素來以靈活、敏捷見稱，善於在不停轉變的環境裏求存的香港，竟然抱着一種靜態思維而不自覺，這説起來真的有點令人尷尬。這是香港的尷尬之四。**

必須説明，那種以為大陸慢步前進，轉變步伐不快的看法，並不是大家會宣諸於口的理解、假設，但1997年之前在很多香港人心底裏 —— 恐怕無論是自以為熟悉內地情況的建制中人，還是甚少踏足國內的反對派 —— 都有這種想法。這具體地表現於香港在準備回歸的過程中，沒有好好想過到時究竟兩地將如何對接：對於到了1997年的內地，它將會變成怎樣？預期中會有些甚麼新的發展(以至香港需要配合或調整)，香港人連想像一下也沒有認真做過。究竟在回歸前香港需要於1997年後如何繼續進步才可以保持領先優勢，這也沒有想過。當然，九七回歸與過渡的討論，是以香港為中心的，所以很多人從來沒有覺得有需要對國內的形勢與發展作出預測、估計。他們也沒有認真地嘗試將未來的特別行政區放在國家發展的宏觀環境裏，評估一下香港要怎樣做才可以繼續節節領先。他們甚至會認為，只要中共不走回頭路，繼續堅持開放改革，那就已經是最有利於香港回歸的條件了。當時那種想像是：只要香港不會因內地社會、政治出現變化，而令北京不會如之前所承諾般來實踐一國兩制，已是相當理想的狀況，誰會再多想幾步，估計一下如果國內經濟發展步伐加快，會對未來的特別行政區產生怎樣的衝擊？在過渡期的準備之中，沒有評估過如果內地發展屬快速、中度、又或者緩慢，那對香港會是怎樣的一個形勢？在那個時期的準備之中，也沒有想過日後兩地互動會出現幾多種不同的可能性。所謂「中國因素」，大致上是靜態的。

基本法這份治港藍圖不但沒有預見九七後香港社會在政治方面遇到的難題，對於大陸內地所可能出現的變化也沒有正確評估。我所針對的並不是當年有關人士對內地在九十年代以來所經歷的轉變缺乏預見(擁有這份遠見的，恐怕只是極少數，甚至並不存在)，而是出現這樣的落差的背後，乃**當時的分析與假設全屬靜態**，**根本沒有細心想過兩地的互動及其引伸出來**

的種種可能性。一份建基於靜態分析的治港藍圖，到應用之日難免會出現很多問題。

這種靜態思維的問題清楚表現於香港基本上完全沒有準備好要面對中港融合這個大題目。當初在構思一國兩制時，其實並未有認真想過，當香港——就算作為一個特別行政區——成為中國的一部份，跟周邊區域緊密連繫起來以後，將會是怎樣的一個局面。

以前的想法簡單而且直接，認為只要香港能夠保持它的國際聯繫，繼續面向全球經濟，將來便無往不利，可以憑着作為全中國最為全球化的城市的地位，在國家發展過程中扮演一個舉足輕重的角色。在1997年前後，大部份人的注意力都在於香港的全球聯繫之上——因此有關於外國企業會否繼續利用香港作為它們在亞太地區的營運總部、香港的國際化程度有無下降(例如年青一代的英語能力是否大不如前)之類的話題，經常反覆拿出來討論。能否保持這些重要的全球元素，將決定香港的未來發展。這些討論背後的其中一項假設是，香港作為一個全球化城市將繼續面向世界，而它的發展在一定程度上乃獨立於周邊的區域環境，可以自成一體，並因此而繼續為中國經濟作出貢獻。在這種不全面和透徹的全球視野的引導之下，香港未有注意到回歸之後，它將會與周邊區域有更緊密的聯繫。與此同時，全球化的討論亦會隨着世界形勢的轉變而有所變化，而當中中國經濟的崛起，改變了討論的焦點。踏入千禧年以後，香港的全球化跟中國的全球化更緊密的連繫起來；後者的進一步發展直接影響到特別行政區以哪種形式進行全球化。而由於未有認真正視這些問題，香港社會也低估了中國內部發展所可能帶來的衝擊。舉一個例，香港無論在回歸之前或以後，都未有評估及預測中國內部(特別是珠三角地區)的長遠發展和它對香港具體的影響。當然，對於中國在過去四十多年經濟開放改革所帶來的轉變，不可能完全視而不見。但奇怪的是，有關的討論往往都只是抽象的、宏觀的(例如口號式的呼籲「中國好，香港好」或「國內商機無限」)，鮮有認真嘗試將香港嵌於這個新的環境之中，並瞭解這對香港人於生活層面的衝擊。

長期以來，香港對於回歸之後整個社會的狀態的瞭解，是建立在一種中港兩地只存在有限度接觸的假設之上。在八十年代(以至九十年代初)的社會、政治環境裏，這既不難理解(因為恐共心理相當普遍)，而且亦可以視為當時港人的主觀期望(因為希望來自內地的影響愈少愈好，某程度上的區隔，乃很多人內心所想)。基於這樣的心理狀態，在啟動回歸及其政治過渡的過程之中，甚少認真估計中國自1978年開始開放改革，於二十年後(即1998年)會是怎樣的一個局面？三十年後(2008年)又會如何？到時內地跟世界接軌將會達至甚麼程度？香港跟內地會發展出怎樣的經濟及空間上的分工？以上種種對有關形勢的評估，於1997年前與後都未有深入分析與討論。就算略有討論，基本上主要也在於香港進入內地這個方面，而未有全面評估兩地的互動及各種資源與活動的雙向流動。香港未有就此作出評估，可能是高估了自身的優越性，也可能是低估了中國大陸的發展條件，以為它會長期滯後；但無論如何，一個中港兩地全面融合與互動的圖像，從來未有認真思考過。

但1997年後形勢快速變化，踏入二十一世紀之後轉變尤為明顯，而到了2003年經過一場「沙士」疫症所帶來的衝擊之後，中港兩地之間此消彼長，主動權逐漸落在國內手裏。在區域融合及加強人流、資金流的情況下，一些新的社會現象陸續浮現。首先，是內地孕婦來港產子，令本地醫療資源之運用與分配成了為公眾所關注的題目。再而是父母均非港人而在港出生嬰兒的數目快速增長，這對未來人口發展(因這些嬰兒擁有居港的權利)注入了不明朗因素。這個情況在2012年底新措施出台後，已受到控制。但在人流加劇的情況下，內地消費者來港搶購奶粉，又成為本地新聞媒體關注的現象。很多人關心本地公共資源(由當初關注的是居港權，到後來演變為公眾泳池、露營用地的使用)是否為外來人士所佔用，又或者面對這些情況當局應如何保障港人利益之類的問題，而較少考慮到這些表徵所反映出來，更深層的社會轉變。

當年制定基本法的時候，其實並未有充份估計內地社會經濟環境因開放改革而可能出現的轉變。當時的設計是建基於中港兩地人口並不會出現相互自由流動的假設之上，基本上沒有考慮到日後會有一天，內地人民可以以相當方便而且快捷的方式進出香港。總而言之，**今天中港兩地的互動已出現了明顯轉變，這提醒我們需要認識新的現實——以往一些假設已經變得不切實際了**。

必須明白，今天我們所見到的局面，是誰也沒法在當年的環境裏而能夠想像得到的事情。但問題是，自踏入2000年，見到內地經濟進一步快速增長之後，而仍然未有對中港兩地融合的速度及所觸及的生活範圍作出估計與預測，則顯然是嚴重地落後於形勢。首先，今天的區域融合，早已不是八、九十年代那種以香港為中心，而且主要是單向進入內地的形態。現在，兩地融合所帶來的經濟活動與人口的流動，屬於雙向互動。從這個角度來看，香港要面向未來的區域融合，並不可以繼續以過去的經驗來看待問題。

再者，中國大陸是一個龐大的經濟實體，在數量及規模方面，它絕對可以對香港造成巨大衝擊．這些情況跟其他地方的經驗明顯不同，來自內地的衝擊足以對香港產生支配的作用。而這種規模效應，其影響往往超乎想像。

第三，香港不可能再簡單的假設，自身能對境內以及周邊發展理所當然的擁有支配作用。今時不同於往日，中國大陸的經濟發展、城市化、區域整合等已形成一股動力，有其本身的邏輯與勢頭。而這個快速的發展過程基本上並不一定需要香港的參與、配合，更不一定需要由香港來扮演領頭、先導的角色。時至今日，中國大陸的社會經濟發展已有它的一套議程，會按其本身的需要而衍生出各種部署和發展策略。這會直接影響香港周邊的環境與佈局，再而間接影響香港的位置與功能。這也就是説，若香港本身不採取主動的話，它不能避免地會變得被動，給宏觀的環境轉變所支配。

以八十年代的香港經驗為準，同時應用了一種靜態的分析來面對回歸，在操作上完全無法暢順運作，而且更是難於面對新的環境。更深層的問題是，以上所講皆反映出**香港面對回歸，其實不是指向未來，而是以過去為準。這說起來是極大的**

諷刺：當年面對一個不確定的將來，不是應該高瞻遠矚，超前想像的嗎？現實的情況是，在香港的發展藍圖裏，目光是朝着後面的方向，未來的圖像取自過去！

第4章

從未有好好想過如何發展彼此的關係

從中英談判到九七回歸，一國兩制一直被凸顯為一個區隔的概念。最早期是強調兩地繼續保持距離，北京可以接受更多來自香港的投資，但最好不要出現「倒灌」的現象，在內地造成精神污染。而對香港而言，則彼此的互動，盡量維持為單向，是北上多於南下。香港人的憂慮亦得到北京的認同，所以內地人要進入已成為國家一部份的特別行政區亦需要先事簽證。同時，內地單位「不得干預香港特別行政區根據〔基〕本法自行管理的事務」(第22條)。這種維持區隔，保持距離的想法，背後是雙方都對另一方多多少少有所防範。

而事實上，我們或有需要承認，在很大程度之上，一國兩制並不是一個建立於發展性概念之上的安排。資本主義香港不希望受到社會主義中國的干預，而社會主義中國也不希望受到資本主義香港的滲透，令其主體受損。就算今時今日內地經濟已相當市場化，但作為一個經濟制度它依然是社會主義。在理解兩個不同制度的關係上，雙方均不想見到對方的干預，而這決不是一個單方面的態度的問題。也可以這樣說，其實雙方都持有一種維持着界線的想法。

所以，回歸之後彼此應該於下一個階段發展出怎樣的新的關係，是雙方都沒有認真研究的課題——直至2009年前後磨擦衝突有所增加和激化，這才受到正視。

事實上，我們回望由上世紀八十年代初出現香港前途談判，到今天回歸已二十三個年頭，其實無論是北京或者香港，均未有好好的想過，究竟要怎樣去為整個回歸的過程，於心理和文化層面上做好準備。這聽起來似乎有點奇怪，因為這明顯地是一個重要的政治工作，沒有甚麼道理會掉以輕心。不過，情況又確實如此。**這是尷尬之五**。

我明白，很多人會覺得這種沒有準備的狀態有欠說服力。今天很多人會有一種想法，認為北京一直想消滅兩制。當中港矛盾激化的時候，這種想法就更為普遍。於是，他們會聯想到自我審查、打壓言論自由、洗腦、秋後算賬等等，總之認為建制力量無所不用其極，盡力消滅自由香港。除此以外，還打擊法治，以武力手段鎮壓群眾，甚至所謂通過引入內地移民來逐漸改變香港人口的組成。對他們來說，一國兩制從來都是貨不對版，逐步消滅兩制，同時消滅香港才是真正的意圖。這種「陰謀論」是否普遍受落，可看待為北京與香港關係變好還是變壞的反映，而它所指的是否屬實，很多時候是視乎個人的感受，而不是證據充份與否。我個人認為，如果北京早有計劃要消滅兩制，過去二十多年的成績就實在太令人「失望」了。假如早有預謀，並且作出系統化的部署，它應該有足夠資源去創造另一個局面。但現實是一個不太服從的香港社會依然活躍。究其原因——起碼是原因之一——是連北京也未曾很進取地、很有系統地把問題想清楚，發展出完整的策略，並且付諸行動。

至於在香港方面，則一向都是順着社會、文化、經濟發展而行，不多不少。所以，在整個社會的層面上，連提出這樣的提問，基本上也沒有很認真的做過。究竟將來怎樣理解彼此的關係，到了將來再算。

防禦性思維

對北京而言，在政治過渡期最早的十多年裏(由開始前途談判到九七回歸)，核心問題在於爭取社會各界支持，盡量將社會大眾拉過來。由當初盡量減少阻力(例如資本家因為缺乏信心而撤走投資)到後來爭取更積極的回應，能夠成功落實一國兩制，這是殊不簡單的任務。北京要展示出實現一國兩制的誠意，藉此爭取各界的支持。在操作層面上，這是保持現狀，接受回歸後的香港保留很多原來的制度安排。而在具體打開統戰的網絡時，主要的爭取對象是資產階級，再而是中產階級，主調是安定繁榮，利益受到保護。如何界定已經成功爭取過來，主要是看在重要議題上，會否站穩支持的立場，不會投向對立面，而不會觸及甚麼重要或深刻的意識形態議題(所以，嚴格來說，也沒有期望統戰對象會在意識形態層面上、價值觀上真的成為同路人)。為的是擴大團結面，很實在地削弱了對立面的力量，而不需要建立有深度的價值、意識形態的認同。至於其他方面的準備，基本上並沒有甚麼新思維，大致上是沿用過去常用的手法，培養對國家的感情，而這在國家的經濟社會發展一日千里的狀態下，理應隨着形勢的變化，便可令人心轉向，所謂民心回歸，水到渠成。

而站在香港的角度來看，在原來現存生活方式不變的構思中，就是不需要做太多準備。這個「不變」當然並不表示完全沒有需要做好準備，但大部分準備工作都是放在盡量減少轉變這個策略方向上面。

如是者，在北京與香港兩地，想像中的政治過渡頗為簡單。首先，是落實一國兩制，就是不做多餘和不必要的事情。第二、是維持資本主義制度，這不單只有利於香港發展，同時又能服務國家的需要，而且也可令兩制繼續維持分隔(因為始終資本主義必須跟社會主義有所區隔)。第三、經過一段時間之後，兩地人民增加接觸和瞭解，相信日後自會發展出感情和認同。在進入這個階段之前，香港與內地應該各守其份，雖然不是互不相干，大致上就是「河水不犯井水」，各有其相對的自主性。所謂「高度自治」，是防止某一個制度入侵另一個制度。當時的想法集中在限制和防禦，而不是發展性的。究竟在九七回歸之後，應該怎樣在思想上為港人做好準備，以幫助他們從一個發展性的角度來理解自己與國家的關係，基本上未有認真探討。

儘管北京與香港雙方從來沒有把看法清楚說明，但其實他們的論述主要建立在兩點之上：一是民族感情，二是經濟利益。前者通常表現為一種主觀期望，而後者才是各種說法的核心組成部份。於是，雖然北京、香港特區政府、親北京的建制派表面上強調民族感情，但一到緊急關頭便經常不經意地以經濟利益、實際的好處作為支持其論述的基礎，以加強其說服力。他們似乎未有留意到，經濟主義論述其實並不會必然地衍生出感情，而更重要的是，當客觀環境不再有利於港人獲得種種好處時，這種論調——或應說是過份強調——往往變為適得其反，引起香港人(尤其是年輕一代)反感，更不利於發展長遠的關係。

香港社會向來重視實際，理論上通過經濟主義路線來團結香港人，應該相當合適。之前在過渡時期以安定繁榮為主調，既可爭取最不信任社會主義的資產階級過來，同時又大概穩住一般民眾的民心，這條路線的團結工作似乎奏效。董建華政府時期所提出的「中國好，香港好」的說法，頗有象徵意義。一方面，這代表一種新的觀察、形勢分析的形成。踏入千禧年之後，特區政府領導層開始意識到隨着國家經濟的進一步發展，香港不單只可以像以往般進入內地，利用其資源來取得機會和好處，而且還有條件吸引資金、消費力南來，受惠於這種新興的「經濟流」。以往看中港的經濟連繫，主要是單向流通，現在卻有可能成為雙向往來的互動。另一方面，則這代表着一個新時代的來臨——所謂「中國機會」不是一個有或無的問題，而是關於如何分配。過去有關「中國機會」的論述，其實十分簡單、粗糙，很多時候都是假設只要內地打開門户，機會便由香港人垂手可得。在這種論述之中，只要香港人願意踏出一步(即北上到內地)，那擺在眼前的機會便可實現了。當然，現實的情況從來都不是如此簡單，而到內地拓展企業、個人事業者，亦需要付出很大努力。至於成功與否，亦取決於不同因素，絕不能一概而論。不過，有趣的是，就算到了今天，每當北京、特區政府、建制派嘗試以「中國機會」來推動經濟主義路線時，依然脱離不了這種極其簡化的論述，以為機會多的是，為何香港人沒有勇氣面對挑戰，到內地發展？反而很少會提問：究竟這個新時代的機會，具體而言是給哪些人提供機會？它們對香港人又有些甚麼要求？

這類「中國機會」的説法，於提出初期時，會因內地經濟發展水平以高速提升，而受到很多社會界別所接受，但到了2004年前後(具體表現在港人在內地工作人數開始減少)則慢慢起了變化。這裏相關的問題包括兩個方面：一是香港人才逐漸由內地人才所替代。隨着內地教育水平提高及人才吸收管理工作的經驗，企業所需要的人才可由當地供應。二是內地經濟快速發展的確可以帶來很多商機，但香港資本所取得的有利位置，並不直接可轉化為港人在內地享受更多機會。這個「香港好」的效果往往是向資本傾斜，有時甚至是連中產階級亦未必一定可以享受到新的機會，而這對青年中產專業、管理人才就更為明顯。過份簡單地將內地經濟發展所帶來的「中國機會」等同於「香港機會」，到了2009年前後已顯得愈來愈缺乏説服力。特區政府未有意識到這個問題，而繼續以此作為爭取支持的論述，效果顯然是完全相反的。於是，這造成了一個頗奇怪的現象。對北京來說，還有甚麼會較諸經濟、物質上的好處更為實際？它嘗試照顧香港，對方卻好像完全不領情。北京的回應是進一步加碼，但效果不單只不顯著，有時甚麼惹來反彈。對特區政府而言，香港人不是很實際的嗎？幹嗎現在不受這一套？有趣的是，**似乎沒有人會反思經濟主義的貧乏**。而遇到反應欠佳，又再進一步加碼。所謂「中央送禮」，現已差不多變為「愈送愈不領情」的意思。不能代入人家的處境，不懂他們的需要和期望，而貿貿然自以為是的「派發紅包」，一番好意卻不一定有好的效果。

將國家與特區的關係理解為一種利益交換，這固然是相當脆弱的認同基礎，而更嚴重的是，當好處再不是像以往般那麼明顯時，這更加成為了兩者關係中的矛盾。這種矛盾在預期經濟上的好處進一步出現落差時，就變得更為尖鋭。因經濟融合而產生的人流，造成了新的內地與香港互動格局下的磨擦點。2009年前後當內地訪港旅客開始快

參考材料二：中國機會

內地經濟高速發展，能為香港及港人帶來很多機會，這句話大概不會怎麼錯。問題是當這句話轉化為所謂的「中國機會」的説法時，則很容易簡化為一種主張(例如：「中國就是機會」之類，只有肯定和贊同，容不下不同的意見)、一種批評(例如：年輕人不好好運用這些機會，只因他們缺乏主動性，不願意踏足國家大地而已)，而不會從不同的角度來瞭解它的作用與局限。

任何有關機會的討論，都需要瞭解：那些機會是以哪些人為對象呢？它們的分配或者沒有甚麼不平等或不合理之處，但卻又不是每一類人都會覺得自己可以參與其中。如何將內地社會經濟發展所開創的機會，轉化為港人於個人層面上可以把握的可能，是一個必須認真對待的議題。

香港的政府統計處從1988年開始，以不定期的方式，通過「綜合住户統計調查」來搜集有關在內地工作的香港居民的社會背景及特徵資料。該調查透過科學方法抽出住户樣本，而受訪住户中所有年齡達十五歲或以上的人士，均會被問及於進行調查之前的十二個月之內，是否曾經在內地工作。按政府統計處所採用的定義，在內地工作的香港居民「乃指屬於居港人口而於統計前十二個月內曾在內地工作(不論在該十二個月期間往內地工作次數及每次逗留仍期間)的人士。但若只到內地洽談生意、巡視業務、及/或出席貿易展銷會、會議和業務應酬，則不被視作『在內地工作』。此外，來往中港兩地的從事運輸業人士及在內地海域作業的漁民或海員，亦不包括在內。」經過十多年的資料收集，相關的統計數據給我們提供一個圖案，瞭解於內地走向開放改革的過程中，香港及港人如何從中找到工作的機會。

當然，內地經濟發展為香港提供新的機會，表現在多個層面及不同方面，而香港居民在內地工作只是其中的一面而已。同樣重要的是香港經濟如何受惠於內地發展(例如內地企業到香港股票市場上市，使用香港的專業服務)。不過，話雖如此，這仍是相當重要的方面——對一般市民而言，他們對「中國機會」的想像，很大程度上是指香港人在內地所能夠開拓的機會，為香港及港人帶來新增的活動空間。雖然這個角度或許有略嫌未夠全面的地方，但卻可視為一種普遍為港人所採用以衡量「中國機會」能否兑現的重要指標。

在閱讀下面有關香港居民在內地工作的統計時，須知其調查方法有一定的局限。政府統計處本身就指出：「在統計前的六個月內在香港逗留少於一個月，及在統計後的六個月內在香港逗留少於一個月的香港永久性居民，不論他們在統計時是否身在香港，亦不會包括在是項專題訪問的涵蓋範圍內(因他們不屬於居港人口內的人士)。」這也就是説，該調查並未有將那些因為工作的需要而早已長期遷居到內地的香港居民。所以，假如愈來多香港居民會因工作上的需要而移居內地的話，則有關在內地工作的香港居民的統計數據的參考價值會降低。不過，下面的一些觀察，仍然有着它們的意義。

在內地工作的香港居民的數字，由1988年年底的52,000人左右，發展至2010年第三季的175,100人，中間以2004年為高峰，數目達244,000人(見圖4)。之後，香港居民在內地工作的數字，是由2004年的高峰逐年下滑，至2010年減少了差不多七萬人。單純在量的方面，我們不單只未見持續增長，而且反過來有下降的走勢。

至於在內地工作的香港居民的社會背景和特徵，則有以下觀察：

(1)從八十年代發展至今，在內地工作的香港居民的行業及職業分佈，早已發生了相當明顯的變化。其中由製造業作為在內地工作的香港居民的主要行業(於1992年佔60.8%)，到近年已改由批發、零售、進出口貿易、飲食及酒店業(2009年佔43.7%)和其他第三產業所替代。與此同時，其職業結構亦經歷了轉變：由早期機台及機器操作員及裝配員、工藝及有關人員佔上一定比例(例如到了1992年仍佔近三成)，到了2005年則從事藍領工作的人士，只佔全部在內地工作的香港居民的一成而已。現在，以2010年計算，超過八成屬經理及行政級人員和專業及輔助專業人員(見圖5)。上述轉變反映香港在內地經濟的角色的變化、人才供應的轉變與替換。但這同時也表示，原來那種人才需求的職業結構，其興趣集中在香港服務業和能擔任專業及管理層職位的港人。

(2)呼應上述轉變，擁有專上教育水平的在內地工作港人，由八十年代末20%左右，到2005年已超過四成。學歷成為爭取到內地工作的重要條件(見圖6)。

(3)而在年齡方面，在八十年代末的時候，有接近四分之一在內地工作港人的年齡在20–29歲之間，但該年齡群的百分比自從踏入九十年代便一直下跌，到了2009年更是不夠一成。而在2010年，近四成在內地工作港人，年齡在五十歲或以上(見圖7)。若從年齡中位數來看，則由1998年的39歲上升至2010年的49歲。明顯地，港人到內地工作，多屬有一定經驗及資歷的人士。

(4)而僱用那些港人的企業或機構，絕大多數是香港公司，派遣他們到內地工作。並非由香港公司僱用者，從未超過一成。這也就是說，港人從來未有真正融合內地的勞動市場；他們始終主要是通過香港公司而派駐內地。

以上數據恐怕並不會令本地年青人感到興奮。很多人口邊經常掛着的「中國機會」，其實既非人人有份(從事體力勞動、低技術工作及低學歷人士，基本上沒有甚麼辦法可以跟它扣上關係)，同時亦非特別向年青人開放。所謂內地經濟高速發展，到處都是機會，其實未有轉化為真實的經驗。經政府統計處收集「在中國內地工作的香港居民」的調查資料所呈現出來的圖像，是就算年青人有多大的決心，願意北闖找尋機會，他們很大程度上仍然是要通過香港的公司來提供機會，派遣他們到內地擔任某些職位，而一早便開始在內地大學求學，隻身投入內地的人才市場，來開拓和把握機會者，依然是少數。當然，我聽過很多社會賢達、才晉所分享的寶貴經驗，說他們如何在八十年代，憑着一股幹勁，在內地闖出一番事業。又或者經獵頭公司接觸，毅然放棄在港的高薪厚職，以一種企業家的冒險精神，開創個人事業另一個巔峰。那都是真人真事，絕無半點誇張。問題是：今天的國家和香港青年，又是另一個環境。內地對香港人才的需求，亦會隨着社會經濟環境的變化而有所轉變。究竟今時今日對香港的年青人來說，「中國機會」是怎樣的一個機會，其實有待具體說明。同時，對只是剛開始職場生涯，缺乏資歷(因此，恐怕也不會是——至少暫不會是——大企業通過獵頭公司主動招攬的對象)的年青人來說，內地對他們又有何需求？是需求有限？還是年青人沒有北闖神州的勇氣呢？

〔改寫自呂大樂，〈這麼近，那麼遠——機會結構之轉變與期望的落差〉，《明報》，2013年9月20日〕

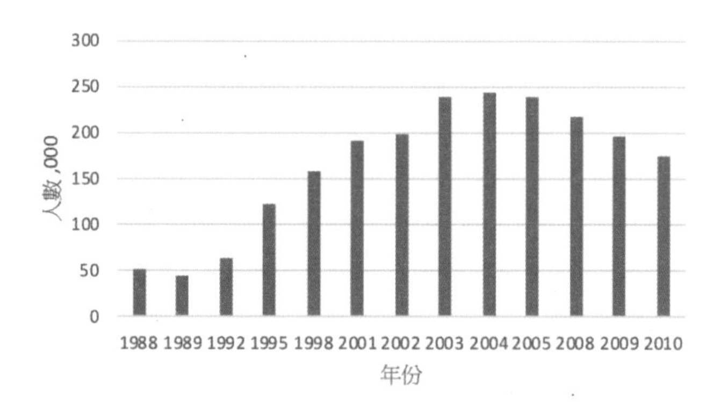

圖4 在統計前十二個月內曾在中國內地工作的香港居民數目。資料來源：《在中國內地工作的香港居民》（香港：香港政府統計處，多年）。

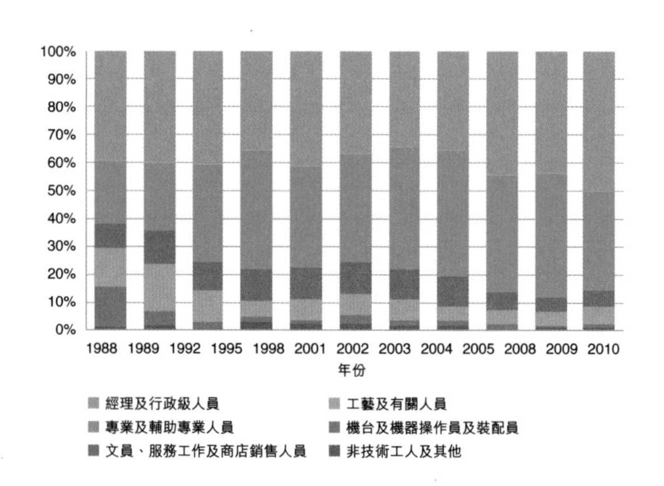

圖5 按在中國內地工作時的職業劃分的在統計前十二個月內曾在中國內地工作的香港居民數目——1992至2010年。資料來源：《在中國內地工作的香港居民》（香港：香港政府統計處，多年）。

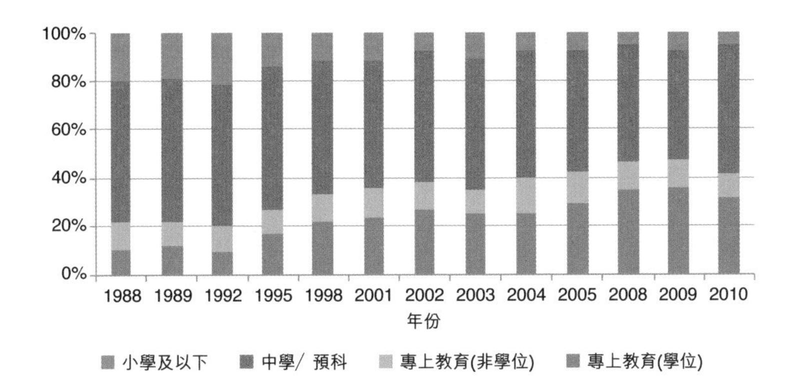

圖6 在統計前十二個月內曾在內地工作之港人的教育程度。資料來源：《在中國內地工作的香港居民》(香港：香港政府統計處，多年)。

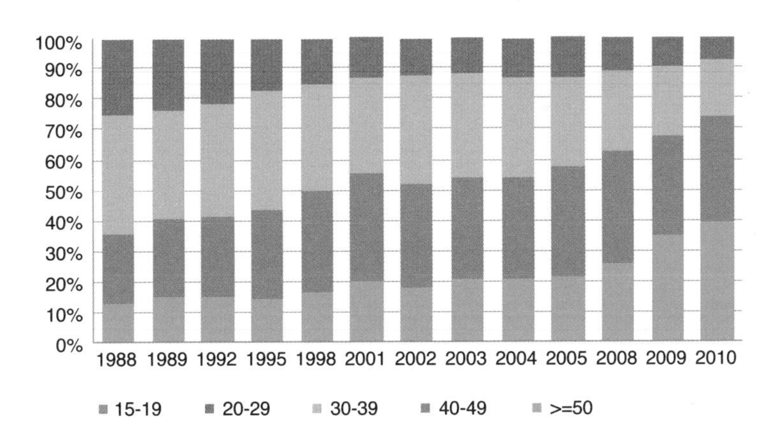

圖7 在統計前十二個月內曾在內地工作之港人的年齡分佈。資料來源：《在中國內地工作的香港居民》(香港：香港政府統計處，多年)。

速大量增加，很多社區都因為旅遊、零售行業興旺而變貌，並且在市民中間產生負面情緒(例如覺得原來的生活方式受到衝擊，而一些重要的社會服務、生活中必需品的供應 —— 如本地孕婦未能從醫院取得期望中應有的服務，本地家庭擔心嬰兒奶粉供應不足 —— 亦未能維持)，情況就更為惡劣。這時候，愈用力凸顯內地對香港的經濟扶持，便愈容易惹來不滿。在不少人眼中，中港的經濟互動，未有帶來原來預期中的好處，而特區政府更未有回應和處理負面的影響。再強調經濟好處時，不單只沒有說服力，還會引起群眾在情緒上的反彈。而香港的情況是，當經濟好處的一套變得缺乏説服力的時候，在如何建立國家與特區的關係的問題上，便呈現出一種差不多是真空的狀態。如前面所説，以前為政治過渡而準備的論述，基本上是防禦性而不是發展性的。由政府到民間，很少會認真想一下以香港人的習性，究竟要以哪一套論述？哪一種方式？才可以加強市民對國家的認同，或者幫助他們適應新的國民身份。

回歸前後的香港社會，從來不存在一套立足於香港經驗的文化歷史論述。國家與特別行政區的關係就是繼續區隔，「河水井水互不侵犯」？是互相利用，達至最大的經濟效益？是無條件的國家認同與自豪？還是在一個高度自由的環境裏，發展出一種多元的國家民族論述。

我相信沒有人會承認這一點：一國兩制的設計與當時在八十年代所建立的一套話語，其實缺乏一種前瞻性的目光，同時也不重視一種發展性的關係。維持現狀不需要思考這些問題，但在1997年後，當雙方都不可不再想這些題目時，卻明顯地表現出北京與香港社會對這些問題的態度和理解格格不入。兩者之間的觀點與角度，確實存在差異，而矛盾逐漸深化，可以說是難以避免。**而更嚴重的問題是，當北京覺得香港社會愈來愈難以(以他們所熟悉、習慣的方式、方法)駕馭的時候，前者愈加大力度，愈想盡快將種種事情納入其控制之內。可是，在這個過程中，差異更為明顯，矛盾更為激化。從文化、話語、表達方式、到處理問題的手腕，差異依然。**

以上種種，不能把它們視為認知上的錯誤(例如簡單的一句「不瞭解」)，便將問題推得一乾二淨。由當初前途談判到今天回歸二十多年，至今已有三十多年的時間，就算彼此還未完全認識對方，多多少少已變為不會是完全陌生。如果說至今雙方仍不懂對方的脾性(至少自覺存在差異)，這實在講不過去。以沒有足夠認知作為借口來迴避問題，總不可以二十年、三十年一直講下去。大家不妨坦白一下，關鍵其實在於態度。而這個問題是北京和香港雙方都需要反思的。

第5章

「兩制」的區隔與區域融合的流動

我在前面説過，一國兩制的主調是「不變」，而這附帶着一種不自覺的靜態思維。因此，對於1997年前後那段時間內，國家將會怎樣在開放改革過程中脱胎換骨，其實沒有認真的做過估計。放在上世紀八、九十年代的環境裏，這可以理解，畢竟當時連內地的改革開放能走得多久？多遠？仍是未知之數，那的確很難可以發展出一種看得很遠的視野，來觀察和評估內地社會經濟的變化。不過，主觀上期望「不變」，同時假設內地以緩慢的步伐進行改革，並不能阻止客觀上國內——至少在經濟領域上——發生巨變。對香港社會而言，2000年後所需要面對的新形勢，是國家的高速發展，以至它必須正視新的、很大程度上超出其想像的課題。而香港的問題是早期屬於沒有提早作好準備，而到了2000年前後則甚至演變為認知嚴重滯後。舉例：區域融合。由區域融合所催生的社會轉變，在2003年以後更進一步以更急的步伐發展起來，至2008–2009年左右逐漸形成社會矛盾，再而造成種種社會衝突。而由於缺乏危機意識，結果所謂的中港矛盾愈演愈烈，形勢至今尚未扭轉過來。

但香港與整個國家的發展接合、區域融合是大趨勢，儘管問題未有處理，但高鐵、港珠澳大橋陸續落成，並且開始使用，而中央政府亦已啟動推動大灣區發展的規劃工作，相關的問題必定又再次成為社會議題。而我們都清楚知道，這個問題不單只不會「船到橋頭自然直」，而且還會因為大灣區的新發展(及其引伸的新形勢)，而出現新的矛盾。明顯地，客觀形勢的發展遠快過主觀上的心理、政策及其他配套的準備。而總結過去十年香港處理區域融合的經驗，若然又一次準備不足，沒有做好管理的工作(如當時對如何管理內地遊客訪港，缺乏評估及迅速回應的意識)，則肯定會製造更為激烈的矛盾。

這種心理準備及認知的滯後，乃原來一國兩制概念(至少在大部份香港人眼中如是)所附帶的一種主觀元素。事關「兩制」之間存在區隔，在保留兩種制度不同性質的獨特性的時候，避免出現完全一體化的狀態。而這種區隔不單只是指資本主義與社會主義經濟的互不干預，同時也指內地行政管理制度不適用於或有打算應用到香港之上。按當初的想像，就算在回歸之後，兩地之間仍存在一定的區隔——至少國內人民並不可以像到內地其他城市一樣自出自入(《基本法》第22條)。所謂兩地的連通，是有限度的、有選擇性的。而且這種想法並非單指香港方面保持區隔，內地方面亦然。

不對稱的整合

有趣的是，當香港前途問題仍令很多人感到困擾的時期(很粗略地說，以1989年為中位，前後加減四、五年)，卻正是「區域融合1.0」的發展階段。現在事後看來，那時候的發展形態似乎相當諷刺：這邊廂很多人對香港前途缺乏信心(很難想像九七回歸之後香港可以繼續在一個社會主義的框框裏經營資本主義)，那邊廂那些擔心日後個人財產會受到威脅的大、小生意人，卻表現出無比勇氣進入一個對市場、商品生產抱着戒心，當時還未有打算承認私人財產的社會主義經濟去拓展事業。而隨着香港廠商大舉北遷，將生產基地搬到珠三角，一般香港人也開始更多到內地消遣、消費，一個超越原來內地與香港之間不同經濟制度的區域融合過程，打開了一個全新的局面。在這樣的情況下，當年香港、深圳的跨境連繫往往被視為全球化底下「無邊界」、跨境區域整合的(成功)例子。不過，現在事後重新審視，則不難發覺那其實是一個不完整的區域融合過程。

當時「區域融合1.0」的不完整性並不是一個問題。放回到當年的想法與安排，這既符合北京的期望(開放改革不等於全面市場化，任由外來因素滲透社會各個方面)，也合乎香港預期(既可充份利用國內的資源，又可繼續與內地保持一定區隔，此乃社會各界的期望)。而事實上內地與香港在制度上的確存在很多差異，基本上不可能出現全面開放的區域融合。在那個時期的區域融合只是一種「不對稱的經濟整合」，讓香港資本可以單向流入內地，利用珠三角一帶的土地與勞動力大大擴充香港產業的生產能量。至於一般香港市民，則將珠三角地區納入為他們的消閒度假空間。在各取所需的情況下，這個未完成的區域融合的過程及其潛在的問題(例如長遠來說在內地居住的香港人的身份)，並未引起任何一方的關注。

過去這種「不對稱的整合」之可以暢順運作，很大程度上是建基於香港與內地兩者之間存在相當顯著的經濟發展水平的差距之上。當香港處於支配的位置時，所有潛在的問題都並不顯眼。例子之一是遷移到內地居住與生活的香港人。曾經有過一段時間，回鄉退休，又或者於內地置業作為第二居所的想法和做法，不單只吸引到一批生活條件較好的香港人，連很多中下階層亦覺得這是可行的安排。不過，在這個新的安排底下，大部份已遷移的香港人會繼續使用香港的社會設施(而醫療服務尤其明顯)。在某個意義上，他們並未有真正的遷離香港。而我更感興趣的問題是，由於未有真正的離開香港，以至很多人——由遷居的社會人士到管理社會事務的官員——其實都未有認真的注意到這種有限度的整合的長遠含義。當中最為重要的兩點，首先是如果香港跟內地的生活水平逐漸拉近，開始要面對生活開支上的壓力時，則香港人在國內生活而未有系統地掛鈎到在地的制度(由戶口身份到買房置業的資格，以至社會保障、醫療照顧等)，其實很難長期兼且持續地支持香港人口(指普遍的而不只是某一個階層)流向內地。而這連接到第二點，這就是香港人在內地工作、生活，基本上高度集中於廣東區域之內。對於如何在全國境內全面流動的重要議題，既沒有人關注，因此也從來沒有提出來討論。

但到了形勢改變過來時，則情況完全不同了。所謂內地繼續開放，便等於香港人有更多機會發展個人事業的說法，逐漸跟現實中的轉變方向和發展趨勢不符合(見前面第四章的討論)。對投資者(尤其是規模較大的投資資本)而言，或者以上所講到的一套，仍有一定的意義；對普通「打工仔」來說，內地經濟的進一步開放，未必就等於機會。就以香港勞工在工廠北移過程中的處境為例，他們除了在一段短時間內可以隨廠北上擔任指導工、管工之外，大部分很快便要面對被內地工人所替代的挑戰。這個替代過程乃市場經濟常態，是一個計算成本的問題，可謂正常不過。除替代之外，同樣值得注意的是大多數被替代的香港勞工回流，而不是進一步進入內地勞動市場，於國內不同地方的人才市場裏自由流動。事實上大多數香港僱員進入內地工作，是通過香港企業所聘用而取得職位。香港資金與企業進軍內地並未為香港勞動力真正打開其勞動市場，當搬廠熱潮過去後，我們赫然發現流動的是香港資金，而不是它的勞動力。至於港人在內地工作的情況，在整體數量上有過一段快速增長，不過當中的人士多屬專業、行政管理人員，而且需要有一定資歷。就算是香港企業聘請或調動香港職員到內地擔任某些角色，它們也是高度自覺哪些會選當地人手，哪些需要由香港聘請或轉調過去。這是成本計算，同是也跟企業的發展策略有關。對我們在這部份的討論相關的問題是，內地的工作機會有着顯著的選擇性，而不是普遍地開放予不同社會階層。當社會經濟條件出現變化時，原來的那種形態便不能避免地會有所轉變。但香港社會在面對區域整合這個課題時，似乎並沒有這種意識。

第二回合：雙向流通的整合

第一回合的區域融合是不對稱的、單向的，主要由香港所支配；第二回合的區域融合大約在2003年前後開始，逐漸由單向轉為雙向。最為有趣的一點是，隨着內地社會經濟條件變化，內地人士、企業可以通過市場機制和手段來運用香港的資源：由搶購奶粉、「雙非」嬰兒現象、投資房地產、購買人壽保險、注射防疫針以至平日來港消費，統統都是在完全開放的香港市場取得服務。關於這一點，我們在另一章再詳談。相反而言，則香港人在這個階段未能在內地進一步打開新的市場空間(或可說為內地未有消除更多限制)。人流、資金流等在流動方向的轉變，給從來沒有認真為區域融合作好準備的香港社會造成巨大衝擊。而第三回合的區域融合將會是建立在既有基礎之上立即發生。曾經在第二回合已經出現的矛盾和衝突並未有化解的跡象，而第三回合則即將發生。

究竟第三回合的區域融合將會是怎樣的一件事情，很大程度上取決於大灣區是一個甚麼概念和在具體操作上是怎樣的一套政策。就算大灣區沒有甚麼嶄新的元素，第二回合區域融合的雙向經濟流動必然繼續。而總結過去十幾年的經驗，**區域融合已由一種「不對稱的整合」轉變為另一種「不對稱的整合」**：以前那種由香港主導的單向流動是建基於兩地發展水平存在顯著差異的情況下發生，這種狀態早已一去不返；而現階段的雙向流動，則因為內地制度安排上的特殊性(由戶口、各種保險到置業、子女教育安排等，而更為複雜者是政策安排在不同城市非完全一致，而就算是同一城市，政策亦可能隨環境、形勢變化而增減限制)而未能形成一個在香港人眼中完全開放的流動平台。對一般香港人來說，這種狀態下的區域融合有種侷促的感覺，不易掌握如何在區域融合環境下規劃職業生涯及人生。

而未來大灣區發展必然碰到一個核心概念是各種資源——包括人才——的自由流動。長久以來，這是一個不好講的問題。「一國兩制」原來的設計是一種受控制的流動——內地歡迎香港資金和人才於經濟活動範圍內發揮作用，但在其他方面則不會全面開放；而資本主義與社會主義有別，於是內地人士進入香港，需要先獲得簽證。如前面所講，早期這基本上是一種「不對稱的融合」。在眾多香港的資源中最能夠相對地自由於內地流通的，是資本。在其他方面，其實存在明顯的限制。只是當時的種種限制並未構成甚麼問題，大家就不加以注意而已。但現在環境有變，赫然發現這些限制阻礙了流動。但究竟應該消除障礙？還是另有做法，至今仍未有深入的探討。

將來大灣區在發展上要更上一層樓，必須考慮資源全面流通的問題。但放到香港的處境和一國兩制的框架裏，則會成為一個極其敏感的題目。可是，在大灣區的層次上，又總不可能是香港境內的人才市場受到保護，而港人則可以在區內自由流動。香港社會和港人需要思考這個問題，並不是遙遠的事情。

在新的佈局底下 —— 其中以大灣區這個概念作為一個例子 —— 一國兩制又再遇上新的張力。大灣區概念強調的是資源的流動，但一國兩制則要保留一定的區隔，兩者之間存在矛盾。

這是香港的尷尬之六：作為一個對外開放的城市，它顯然未有為各種資源自由流通所可能產生的衝擊作好準備。面對着一個來愈高流動性的環境，香港顯得束手無策。

第6章

缺席於管治建設的資產階級

當初提出一國兩制的說法時，必須考慮的一件重大事情，乃處理社會主義與資本主義的矛盾。如果香港在整個回歸的過程中保持原有制度及生活方式不變，那不單只是國家「不在香港實行社會主義制度和政策」，而且還要長期容許香港的資本主義與內地的社會主義和平共存，在一個國家的框框之內接納另一種生產模式的運作。在策略的層面上，由於香港人對中共(作為一個政權及它所採取的經濟制度、意識形態及多方面的政策)存在恐懼，北京不得不作出不會在香港實施社會主義的政策的承諾，以安撫民心。同時，從很實際的考慮出發，他們也實在有此需要盡量保持香港資本主義經濟的活力，盡量爭取資產階級的支持，希望他們不會撤走投資，以免香港社會經濟陷於困境或甚至全面崩潰，造成將來北京所收回的只是一個所謂的爛攤子的局面。對北京來說，收回香港的決定除了涉及國家尊嚴、主權的考慮之外，也有繼續長期利用的打算。如何保持香港的資本主義經濟如常運作，既是兑現對香港的承諾，將來可以實現一國兩制，這同時也是北京日後可以繼續令香港發揮其作用、對國家有所貢獻的實際安排。而資本主義這另一制要成功於新的框架內順利運作，必須資產階級有份參與，扮演重要和積極的角色。

就上述策略的思考，前香港新華社分社社長兼中共港澳工作委員會書記許家屯(在《許家屯香港回憶錄〔上卷〕》)有很清楚的説明：「我相信：『一國兩制』、香港的資本主義制度長期不變，是鄧小平等中央負責人，了解香港中外資產階級心態，為長期利用香港，穩定社會各階層，特別是資產階級，而制定的。在這樣的政策中，資產階級不是革命的對立面，也不僅是同路人，而是實現這一政策的執行者。『港人治港』，或『香港由當地人治理』的實質，是由當地各階層香港人，尤其是資產階級自己管理。」他進一步總結：「未來的『港人治港』，其性質是資產階級為主體的各階層聯合政府。」

理論上，一國兩制、港人治港的實踐，不單只需要資產階級的支持和參與，而且還要他們擔當領導階級的角色，確保發展資本主義經濟的大方向繼續是香港社會的主流意見，並且很實在的獲得資本家繼續投資的支持，保持其經濟活力，令資本主義香港在一國的框架底下，持續蓬勃發展。不過，**尷尬的是，香港的資產階級並沒有扮演他們應有的——或者可以說是期望之中的——角色，同時也**

沒有擔任其歷史任務。香港的尷尬之七是資產階級並沒有於兩制下香港的資本主義制度中當家作主。

小心翼翼的資產階級

長久以來，本地資產階級在政治參與方面，都是小心翼翼的，其策略的重點在於爭取利益受到保護，而不求走上台前操盤，以領導或統治階級的姿態出現，主宰社會經濟的發展方向，以便取得更多、更長遠的利益、好處。在港英殖民時代，一方面他們就算有心爭取更大和更直接的政治影響力，往往因為受制於殖民政府，未能隨心所欲(例如殖民政府對待英資、華資態度有別，而不同產業的資本家所受到的照顧，亦很不一樣)。這並不是說他們於建制內外沒有影響力，而是他們似乎頗為滿足於現存框架的約束之下某種「代理」的安排，不求更直接的控制權。另一方面，他們也沒有那份政治野心，自覺扮演領導的角色，主動地將香港推向某種方向的發展。在實際的政治表現上，更常見的是本地資本家樂於躲在殖民政府的庇護之下，只求一個有利營商的環境，利益受到照顧，在政治舞台上只作有限度的參與。

到八十年代初，遇上香港前途的問題時，資產階級既對共產政權有所顧慮，擔心自身財產受到威脅，同時又害怕將來香港前途塵埃落定之後，新的政治制度會由那些主張重視社會福利的「免費午餐派」所把持，令一向由市場所主導、政府不多作干預的的香港資本主義經濟走樣，破壞他們心目中的理想營商環境。

面對前一個問題，他們爭取的是「香港特別行政區不實行社會主義和政策……依法保護私有財產權」(《基本法》第5及第6條)。在這個問題上，《基本法》寫得相當細緻，按第105條所寫，特區「依法保護私人和法人財產的取得、使用、處置和繼承的權利，以及依法徵用私人財產時被徵用財產的所有人得到補償的權利。徵用財產的補償應相當於該財產當時的實際價值，可自由兑換，不得無故延遲支付。企業所有權和外來投資均受法律保護」。當年很多資本家——當中包括好些於1949年前後把投資由內地遷移到香港的——對五十年代的「五反」(反行賄、反偷税漏税、反偷工減料、反盜騙國家財產、反盜竊國家經濟情報)、社會主義改造記憶猶新，他們對共產主義的憂慮在這一條條文的內容上表露無遺，對任何直接或間接侵犯個人財產的手段，都有所防範。對於共產黨是否會尊重私人財產，他們不是一下子便解除防範之心，這份憂慮在政治過渡的初期，尤其明顯。

當然，他們也相當重視維持原有的法律制度(第8條)，同時也覺得有需要保證「還可使用英文，英文也是正式語言」(第9條)。畢竟英文是國際商業常用的語言，這對維持香港的國際商貿網絡相當重要。同時，他們也重視法治，事關沒有足夠的法律保障(例如對合約的保障)，也確實很難放心。不過在此以外，資本家作為一個社會階級，便似乎沒有更多的堅持了！他們的考慮是從實際出發，而不是理念帶動。兩制的承諾滿足了他們最基本的要求，餘下來的，是一個信心的問題。明顯地，北京很快便通過她的改革開放政策(及其帶來的商機)，説服那些曾經對回歸充滿恐懼的資本家。

在個人層面上，資本家可能安排整家家人移民海外，為自己找到「政治保險」；但作為一個階級，他們選擇進軍大陸，開拓新的投資機會與空間。我想説的是，當初資產階級對北京的恐懼，並未有轉化為一種在政治層面上尋找自保的政治參與動力(例如要求政治制度上需要改革，通過制度建設來保障己的階級及其他市民的權益)，反之是很快便重新找到另一個庇護人，以此作為照顧及拓展其利益的安排。本來面對不確定的香港前途，只獲得北京的口頭保證，不足以令資產階級放下心頭大石。理論上，更直接地掌握更多的政治權力，才能幫助他們確保在九七回歸之後的日子裏，香港經濟繼續是市場主導的資本主義。要保證香港資本主義不走樣，其實他們需要「粉墨登場」，親自掌舵，不過在現實之中，他們並沒有選擇這樣做。與其走到台前，需要冒各種政治風險，他們甘於接受照顧。只要有人能在照顧他們的利益的情況下制訂遊戲規則，他們很願意按這樣的一套去參與遊戲。

當他們處理過最基本的憂慮之後，資產階級便沒有在香港的政治過渡時期裏進一步思考未來的制度建設，反而轉向想辦法如何把現狀保留下來。當時的一項重要考慮，是防止「免費午餐派」取得主導政府運作的政治權力，避免那長期對工商界有利的營商環境出現變化，例如政府的干預與開支、社會福利有所增加。在這樣的考慮下，他們的期望是減少政制全面開放的機會(這樣政治權力便不會出現重新分配，有可能發生向另一方的傾斜，令工商界失去有利的位置)；而同樣重要的是，設法令他們可以憑其較為熟悉的政治參與方式來參政(他們接受由委任轉變為功能組別選舉，已是一大妥協)。這也就是説，他們既不想加快民主化的步伐，更不想把地區直選作為唯一進入議會的途徑。他們最想要的是維持現狀，要做到這點，他們樂意服從於新的庇護人，乖乖的接受照顧，而不打算利用當時手上擁有的議價條件(例如當年提出撤資，那倒不是一個小問題)，來取得一個走在前面主導社會、政治、經濟發展的角色。這是香港資產階級的性格所帶來的結果，也是他們保護自身利益所慣性採用的策略。

之後二十多三十年走過來，本地資產階級似乎已經習慣這樣的參與模式，間中因為面對一些挑戰(例如不能不考慮更多參與直選)而略作調整，但始終在擔當他們的政治角色的議題上，沒有真正的成長。如果我們以很低的標準來評核他們的成績，那當然也未至於一事無成，起碼由沒有政黨到建立政黨，由恐懼直選到投身其中，當中的轉變也是相當顯著的。不過，若以其社會、經濟條件來衡量他們的成長速度，則難免叫人失望。在政治問題上，他們是

「拒絕長大的孩子」，每次需要拿出更大的勇氣時，結果還是返回舊有的安樂窩。

可是，這位「拒絕長大的孩子」終要面對新的現實——他們在庇護人心目之中的地位早已起了變化，而議價的能力亦不再一樣。2012年特首選舉的過程中，多多少少可以看到本地資產階級的政治能量正在減弱，不足以左右大局。在八十年代，資產階級講一聲對前景缺乏信心，足以動搖香港經濟，如果他們掀頭撤資，當時北京真的不知如何填補資本家的角色。今天，時移勢易，本地資產階級不再佔據一個不可替代的位置，要求享有特殊待遇，恐怕不會再是有求必應，而若要利益繼續受到照顧，必須好好幹活。更殘酷的現實是，歲月催人，轉眼多年，原來本地資產階級的政治人物、政黨亦已經老化，正在步入一種屬於過去式的狀態。論內部團結，本地資本家沒有一種放下彼此分歧，統一意志的能力；他們每個都習慣了成為關注的對象，很難服從紀律，以大局為重，而將身段放下。論在社會層面上廣交朋友，爭取一般市民的支持，則他們因為長期沒有「粉墨登場」，走到政治舞台前面的準備，所以就算有心亦恐怕無力。他們從來不會走入群眾之中，根本上沒有穩固的民間基礎，更無接觸社會各個階層的網絡。說得直接一點，資產階級沒有扎根於社會的政治實力。所以，今時今日，就算庇護人要為未來作好準備，要找人上政治的最前線，他們也不見得會是必不可失的拉攏對象。資產階級的統戰價值慢慢變得是象徵性重於實用性。我相信，這對本地資本家來說，不是好消息。但更重要的是，這對實踐一國兩制也不見得是一件好事。

一國兩制的概念和政治設計，不單只假設資本主義經濟要維持不變，而且還會繼續蓬勃發展。理論上，要達到以上兩個目標，除了排除由北京單方面改變香港的社會經濟制度之外(這是當時上世紀八十年代初期最為港人所擔憂的事情)，還要做到繼續推動經濟繁榮的效果。現在事後回想起來，當時無論是北京還是香港，似乎都未有更認真的思考後面的那一個問題。當年的焦點是放在北京的態度和政策方面，最重要的是要保證不會將內地的那一套加諸於香港之上。只要香港的經濟制度與生活方式五十年不變，維持現狀，就可以帶來安定與繁榮。在過去一段相當長的時間裡，香港人對安定繁榮的理解，就只是維持資本主義市場經濟不變，不會在港實施社會主義經濟政策，便等於大功告成，足以令香港經濟持續地發展下去(至少可以在經濟發展及生活水平方面，繼續領先於大陸)。但明顯地，這是相當簡單而且沒有甚麼遠見的想法：難道資本主義經濟不會出現衰退、危機嗎？維持資本主義就等於日後可以順利進行經濟的升級、轉型嗎？香港人對社會主義存在恐懼，這是事實。但要面對長遠發展及相關的挑戰，他們需要有更深刻的思考，除不是社會主義經濟之外，還要認真發展出經濟持續增長與發展的策略。

這也就是說，大家關心的問題並不應止於保持安定繁榮(又或者是防止社會主義對香港經濟的衝擊)，而且更需要有長遠的想法與策略，令香港經濟繼續保持競爭力之餘，再而拓展出新的發展空間和活力。以前主要強調維持資本主義制度不變，與社會主義經濟隔絕的想法，放到今天的大環境裏，當然會發覺現實與概念均出現了顯著的轉變——在上世紀八十年代初，甚至後來在1997年，誰會認真想過香港將來如何參與國家的五年計劃？但在這些變化背後，存在更深層的問題：九七回歸後的香港特區政府將如何跟社會上的不同利益——尤其是不同組合的工商界利益——發展出一種良性的協力關係，其實相當重要，但這卻未有受到應有的重視。如果特區政府需要跟資產階級建立夥伴關係，是跟哪些資本家合作？以哪些產業作為發展重點？怎樣發展出新的經濟動力？

明顯地，政府與工商界的關係，並非只停留在相關政策能否營造利商的一般環境那麼簡單。在1997年之前到回歸之後二十多年裏，香港根本未能有效處理經濟轉型的問題，當中沒有好好梳理的其中一個重要課題，正是官商關係。以前殖民地年代政府的位置較為特殊，它的認受性沒有受到很大的政治挑戰，而同時亦能以不服膺於某一兩個集團的利益之下的姿態示人，給人一種超然的印象。當然，我們都知道，這是印象多於事實，但這足以幫助它經常維護資產階級利益，卻不會令人覺得是官商勾結。在1997年之後，特區政府所受到的一大政治衝擊，乃官商勾結的指控。整個社會在缺乏對政府的信心和信任的狀態下，政府與商界合作很容易引人懷疑。而更大的問題是，由於特區政府多年來也未有做好對待資產階級的工作，它有選擇性的跟某一些利益集體合作，多次引來資產階級內部出現分歧，不利於鞏固及推行新的經濟策略。當年的重點只放在穩住資本家，預防撤走資金，基本上是防禦性，而不是發展性，沒有想過一國兩制的落實不能避免地會出現變化，而需要一直維持演變以配合新的形勢。其中特區政府如何與資產階級持續發展出新的關係(包括在經濟轉型過程中新興企業及企業家的出現，利益格局在變化過程中重新組合等)，發展出策略性聯盟，開拓新的產業，找到推動經濟發展的動力，這些重要的政府工作都未有受到應有的注意，那當然就更沒有預早作好準備。種種不足的背後是對資產階級的期望過於狹窄，同時也缺乏前瞻性。

而在資產階級的那一邊廂，他們也不見得嘗試過想得遠一點。在這裏我感興趣的問題是，按一國兩制原來的構思，是需要資產階級的積極參與的，而香港的資產階級於政治舞台上缺席，未有投入建設一個符合資本主義長遠發展的政治制度，並扮演其獨立的角色，不能説對香港社會沒有負面的影響。以香港在九七回歸後所見到的情況而論，資產階級沒有進行自我的更新，而特區政府也未有跟主流社會裏的主要利益建立新的、有機的合作關係。資產階級的自我矮化或者可以理解為一種生存策略——太過高調可能會惹來猜疑和反感，以為另有所謀。老一輩的資本家會以當年上海的社會主義改造為參考，不敢輕舉妄動；年輕一輩的則見到開放改革帶來機會，樂於投入其中，進行利益交換。但無論是哪一種心態，資本家似乎都滿足於只求利益受到照顧，而沒有打算對制度建設(由走到台前參與到追求更大的制度保障，以防範因政策改變而制度出現顯著的變化)有所付出或承擔風險。在找到新的主人之後，他們甘心於只扮演「被照顧者」的角色。

香港的資產階級沒有在政治過渡、落實一國兩制的過程中茁壯成長，在很多方面都帶來反效果。對爭取民主的人士而言，資產階級長期抗拒民主化，令制度變革失去了重要的支持者。但其實就算對北京而言，沒有資產階級赤膊上陣，積極投入經營「後儿七」的香港管治，大大削弱了一國兩制成為一種具領導性地位的制度框框。理論上，一國兩制的活潑發展有賴資產階級的積極參與，並且扮演領導的角色。這個領導角色可分為兩個層次，一是推動及領導經濟發展，二是在意識形態層面上取得一般市民的支持，覺得這樣的制度可滿足他們的期望。要做到前者，資產階級本身需要不斷自我更生，保持創造力，拓展新的機會與空間，令香港經濟結構保持活力和增長能力。而要做到後者，資產階級需要説服市民，他們個人或其所屬政黨乃可以信賴和寄託的政治代表。資產階級所需要做的，不是被動參與，而是積極參與，以他們那種不挑戰北京，但卻可以令社會經濟持續進步的想法和做法，爭取民眾的支持。可是，在現實生活中，香港的資產階級的表現，基本上是不及格。

一國兩制的實踐不可能單靠一群只講和諧的工商界，

凡事只看北京的意思，只求利益受到保護，維持舊有的格局，滿足於一個過時的現狀，而是需要一個擁有領導社會經濟發展的能力的權力階層，為特別行政區注入發展的動力。資產階級的角色不應是特區政府的啦啦隊；他們應該有其獨特的位置，是特區政府爭取的對象，通過利益交換、合作一起打造一個具備活力的營商和拓展新產業的環境。我一再強調，**按一國兩制原來的構思，是需要資產階級的積極參與，而香港的資產階級缺席於政治舞台，未有投入建設一個符合資本主義長遠發展的政治制度，並扮演其獨立的角色，乃整個一國兩制佈局中的一大缺失。**

第7章

無緣執政的建制派

建制的兩翼

多多少少是受到反對派在議會裏「拉布」(拖延時間)及其他戲劇性的行動所造成的錯覺之影響，很多人以為今天香港政治陷於一個困局，原因只在於這類政治阻力的存在，以至政府管治能力下降、整個社會無法動起來，做老早便應該去做的事情。無可否認，特區政府所要面對的政治環境的確跟九七回歸前的很不一樣，而來自於反對派的壓力、影響力也較以前明顯地增加了。但當前香港政治之所以是一個困局，又豈止是因為反對派勢力坐大那麼簡單，而我甚至要強調，這並非主要原因所在；其實只要大家冷靜觀察，應該不難發現在政治光譜的另一端——也就是政治建制——根本未能發揮協助特區政府施政的角色，以至政府經常成為來自四方八面的政治衝擊的對象。**這是**

香港的尷尬之八，當權者竟然無法駕馭一個並非完全民主化的政體，而本來處於優勢的政治建制也從來沒有做好作為建制的角色。建制表現不及格，是一個大問題，甚至可以說是關鍵之所在。

我在前面的一章討論過香港的資產階級在政治方面如何放棄了他們的角色，在這一章我續談建制的另一翼：「愛國建制」。所謂建制，其實分為兩翼。這跟一國兩制的佈局有關。一方面，一國兩制的成功有賴資本主義得以維持，所以資產階級乃重要合作夥伴。另一方面，一國兩制能夠順利落實，需要有愛國力量協助實踐，制約反對力量。由「愛國人士」所組成的建制的另一翼，是同樣重要、有利於穩定局面的政治力量。理論上，他們是團結在特區政府左右、推動社會穩定的一股社會力量；他們應該勇於表達國家利益，要為「一國」與「兩制」作出平衡。

可是，在實踐港人治港、一國兩制的過程中，「愛國建制」卻往往處於尷尬位置：他們未至於無權無勢，但卻一直不是權力核心。頗為有趣的是，無論是以工商界(資本主義維持不變的象徵)、公務員(行政效率、施政能力的象徵)、或者親中人士(北京認許的象徵)背景的人選當上特首，「愛國建制」的處境基本上大致相同，沒有明顯的改變。「愛國建制」的參與和所扮演的角色，其實相當有限。是他們能力所不逮？還是基本上從來都沒有重視過他們的角色？是嘗試過扶持而未能成功？還是在原來的構思之中，他們的位置就是僅此而已？但無論如何，**回歸以**

來，他們未做過主角。在特區的管治團隊裏，他們的位置其實只屬邊緣，戲份不重。而更有趣的是，這種尷尬的處境塑造了「愛國建制」的政治行為，令他們的表現未能完全符合原來政治設計對其期望。

特別行政區的政治設計

這是香港特別行政區的政治設計中頗為耐人尋味之處。設計藍圖似乎假設特首可以單人匹馬進入政治系統裏主持大局。這樣的想法背後，可能只建基於對非政治化的迷信。九七年之前港英殖民統治的一大特點，就是非政治化。北京在八十年代以為將來的特別行政區繼承了之前非政治化的體制和環境，同時只要保得住安定繁榮，便不會出現很多政治訴求，大致上維持舊有的政治安排，便可暢順運作。而這種迷信也包括了視公務員隊伍為一部機器，他們不過問政治(或可避開政治問題)而憑着程序理性有效地推行各種政策及政府服務。從這個角度來看，香港的政治只是行政管理，所以就算特首沒有自己的班底，亦一樣可以有效施政。

與此同時，藍圖的設計又存在它的「潛議程」——對選舉政治、議會政治、政黨政治的排斥。如果說在處理香港前途的過程中，香港人提防中共在1997年後破壞原來的自由生活、資本主義經濟，北京又何嘗不是對於將政治權力全部交出懷有戒心，擔心回歸後香港的政治局面有可能出現一些不確定、未能控制的狀況。所以，北京高度自覺要避免出現一種「議會主導」的情況。假如政治權力的分配完全受民主選舉所決定的話，它可能無法有效地支配大局。基於對選舉政治、議會政治、政黨政治的抗拒，北京似乎打從一開始便放棄了正式「落場」在香港社會以一般市民大眾最為接受的方式，通過競爭的過程，跟各種反對或抱着抗拒態度的勢力進行「競賽」，在過渡期間及回歸後積極爭取群眾支持。

這樣的想法和實際做法可能是基於對形勢的判斷(例如由於香港的歷史背景，社會廣泛存在抗共的情緒和心理，要全面出擊爭取支持，有一定的難度)，也可能是估計到香港的情況並不容許北京以其熟悉的統戰方法來操控整個局面，無法將整個局勢壓住。不過，無論是甚麼原因，他們的部署令所謂的建制基本上「半退出」了那面向廣大群眾的「政治競技場」。沒有以走進群眾作為發展策略的建制令他們在過去三十多年來一直難以有效地建立廣泛的認同、支持，贏取民心。所以，儘管建制派從來不缺資源，而我們甚至可以說他們經常有條件「以本傷人」，恃着手上的人力、物力，威脅對手，但長期以來卻無法取得壓倒性的優勢。

北京這樣的一種治港思維和策略，給特別行政區形成了一個相當古怪的政治格局。特區政治之可以有效運作，乃建立在一些主觀期望之上：(一)整個社會環境維持低度的政治化；(二)而這個環境將容許特區政府維持它視管治為行政管理的做法，在後九七香港社會施政；(三)於是，儘管香港經歷了去殖民的重大變化，而一樣可按昔日那種非政治化的方式，來經營和管理香港社會。可是，單方面的主觀願望不足以改變現實。

回歸之後，大家很快便意識到眼前的環境跟以前的很不一樣。最初很多人嘗試將問題理解為有人有所企圖，故意把很多社會事務政治化，藉此爭取曝光機會，增加政治本錢。但再發展下去，政治化已成為常態，儘管我們偶爾仍會聽到政治化、別有用心之類的批評，但久而久之大家對此不再有甚麼反應。更有趣的是，政治手段早已成為不同政見的政治組織、政治人物都會使用的技巧，所謂刻意將問題政治化的做法，不再是只有某一種取向的政治力量才會使用，而是各路人馬都會採取的處事方法。在這樣的情況下，香港政治根本不可能回到過去；與此同時，期望將來或者會有機會把政治化的程度降低，也是很不切合現實的想法。

在已經經歷政治化的環境裏，香港政治的發展方向只有順勢而行，就算不是更進一步民主化，起碼也要想想如何通過分配權力(例如擁有議會議席的建制政黨更有系統地成為管治班子的核心成員)來加強特區政府在議會裏的主導權。但北京偏偏就是選擇原封不動，未有在政治制度作出改動。這樣的安排不等於「愛國建制」沒有辦法增加其政治影響力(贏得更多議會議席肯定有所幫助)，只是他們不會以參與執政的政黨的姿態來扮演其政治角色。以這樣的方式來界定(工商界的、親北京的)建制派的政治角色，令他們不易處理跟特區政府領導層的關係：雖然是建制的組成部份，但卻不會通過跟政府合作而取得更大的政治權力。套用「愛國建制」慣用的評語，他們跟特區政府合作的經驗常常是「有辱無榮」，在替政府護航的過程之中，經常是得不償失。或者有人會批評這些建制人士太過斤斤計較，但我們必須明白他們的付出與回報，又的確是不成比例。而一句「有辱無榮」又真的反映了他們的處境和交代了那份心情。

兩種後果

我關心的問題倒不是「愛國建制」的處境和心情，而是這樣的狀況對香港特區管治帶來甚麼後果。後果之一是「愛國建制」既無執政的準備，而同時也令他們未能發展出一種準備執政的政治視野。

劉兆佳(在《回歸後的香港政治》一書)一針見血的指出：「在不同程度上，香港的政黨其實都是『在野黨』以至『反對黨』。」雖然「愛國建制」是建制的一份子，而個別人士甚至可以理解為「半個內閣成員」，已經晉身權力核心，但制度上基本上不存在由政黨公開競爭來決定權力分配，更沒有輪流執政這回事。在2012年那一屆的特首選舉中，出現了梁振英與唐英年的「建制內鬨」，不過效果並不見得正面，很難想像北京會希望見到同類事情再次發生。這並不表示北京不想到「愛國建制」壯大成長，而是在整個設計藍圖和政治劇本裏，「愛國建制」需要很安份地從旁協助特首施政。

但在這樣的劇本和角色設計底下，「愛國建制」基本上沒有需要要求自己為日後有機會執政作好準備。而諷刺的是，回歸後日子愈長，「愛國建制」的惰性有增無減，當初在九七之後的初期還會積極構想一下特區如何可以做到長治久安，現在發展下來則變得完全被動，美其名是主打民生議題，實際上只是在一些不會令特區政府很難下台的議題上討價還價，而根本毋須多作政策上的創新思考。久而久之，雖然作為建制，但也變為缺乏執政意志和思維。這樣的政治安排令「愛國建制」不重視思考，他們的「政治腦袋」出現退化。

後果之二是「愛國建制」慢慢發展出一套帶着本地民粹色彩的「成功爭取」路線，這或者可以幫助他們在香港政壇保住一個位置，建立一批固定的支持者，不過若然他們的眼光放得更大更遠，則這種定位與策略明顯地不足以幫助他們在社會上成為一股可以起着領導作用的政治力量——這也就是說，他們並未能扮演特區政府管治的策略夥伴的角色。

「愛國建制」之所以未能扮演其歷史角色，跟他們的尷尬處境有關。在宏觀政治議題上——例如民主化步伐——他們沒有太大的自主空間，除緊貼北京的取態之外，在言論和行動上往往還要比較特區政府表現得更為消極被動。可是在香港的政治環境裏，這條政治路線不易經營：在很多選民眼中，政黨、候選人如何表現出一份能夠體現「高度自治」的自覺性(通常界定為敢於批評北京和特區政府)，是重要的投票參考。這並不是說一般市民一定要跟北京和特區政府過不去，而是大多數香港人總覺得他們需要的不是「政治傳聲筒」，也不是唯唯諾諾之輩。搞好民生的説法有時可以爭取到他們一時的支持，但一觸及一些敏感題目(例如引渡條例)則「愛國建制」那種經常性的吞吞吐吐、巴巴結結的表現，便立即在民眾心目中的印象大打折扣。以這樣的方式來發揮政治影響力和開拓群眾基礎，一直都難以在社會上面向不同背景、取向的民眾全面打開。

我相信北京對此並非不瞭解，而是他們自有打算。問題是：北京的計算總是權宜之計，而不是去解決長遠的問題。長遠來説，他們需要拓展群眾，擴展勢力，搶到大多數選民的選票。而要解決這個問題，他們需要建立另一種建制派。那些一眼便可看得出是建制的建制派，只能在原有的支持群眾中繼續取得支持，而不會向外拓展，佔據新的地盤。而在未能拓展新的群眾基礎的情況下，建制派的政治影響力注定有所局限，難當重任。但在香港當建制派就是難以獨立自主，而基於這個原因，其公信力永遠要打個折扣。

而就算不觸及制度性的宏觀課題，只屬特區政府的日常施政，「愛國建制」的角色也不容易扮演。作為建制派，難免要背負雙重的角色。在大罵政府的同時，他們的姿勢又不能擺得太硬，批評也不能去得太盡。然而，若然表現得太明顯是留有餘地的話，則又怕失去群眾，給對手搶盡風頭。這種雙重角色既要求他們走入群眾，可是又要適度的批評(同時又保護)特區政府。這種政治手段往往令它們難以建立一個有公信力、能獨立監督政府施政的形象。假如它們要真的走群眾路線，便很難事事手下留情，留有餘地；太明顯為政府護航，便會失去群眾支持。可是，若然它們的言行跟反對派沒有明顯分別，那不是失去了作為建制的意義嗎？正是因為他們的特別處境，建制派經常表現得進退維谷，左右兩難。

以上所講，並非新的現象。上世紀七十年代親中陣營要配合「愛國反霸」路線時，也很自覺不要對港英殖民政府造成太大衝擊，於是在勞資衝突上較為克制。現在，身份更是建制的一部份，那就更需要「適可而止」。問題是今時不同往日，建制派亦要考慮選舉政治，太偏重於護航，就等於「政治自殺」。他們既然不是「執政黨」，所以必須透過選舉才可以提升政治能量，對特區政府作出無條件的護航，結果可能是賠了夫人又折兵。建制中人應該如何自處(意思是為自己的政治前途打算)，並不容易取得平衡。

基於「重大政治議題必須靠邊」、「面向特區政府時要小罵大幫忙」的角色的束縛，這樣的政治劇本在有意無意之間將那些建制政黨、民間社團推向民粹主義味道濃厚的「成功爭取」路線。在正面的角度來看，這促使他們專注於民生議題，以為民請命為招牌。從不太正面的角度來看，則這套政治策略很快便走樣變為「成功爭取」路線：在一些鬧得熱哄哄的社區話題上，他們不單只很難放棄介入其中的機會，而且必須推向一種表現得很堅持、絕不退讓姿態：無論是甚麼事情，總之要追究責任，尋求賠償；無論是甚麼題目，一不能加價，二不可減少政府資助(或服務)。他們想盡辦法在所謂的民生議題上爭取表現，結果是大搞民粹。再次引用劉兆佳在《回歸後的香港政治》的分析，「正由於香港沒有『執政黨』，而政府對政黨有所抗拒，幾乎所有的政黨都具有不同程度的、缺乏長遠發展前景的『永久的反對派』的特質。……在沒有明顯政治『希望』的環境中，政黨和其黨員容易變得憤懣不平，從而言行愈趨偏激。當政府權威低落，民情又趨於偏激時，政黨的激進化的情況會更為明顯，而政黨與政府及行政與立法的關係也會變得緊張。」他所描寫的情況並不局限於應用到反對派身上，其實「愛國建制」似乎亦可以相當偏激——只是他們所表現出來的那種偏激不含激烈措詞和行為而已。在地區層面上，這一套民生議題政治對特區政府施政造成不少障礙。政府的政策或措施不是不可以調整，但就不可以發生在地區議員/當事人的社區裏面。政府的服務不是不可以調整，但基本上只可增加而不可削減。因為民生議題乃主打項目，「愛國建制」表現份外落力。在很多政府官員眼中，這種為民請命的反對行動跟反對派的衝擊型行動，同樣令他們頭痛。

這帶我們的討論回到制度設計的問題之上。香港的政治制度設計嘗試壓抑某些政治發展，那套想法既低估了去殖民化所釋放出來的政治能量(例如政治授權、政治合法性成為了重要的議題)，同時也錯誤地評估1997年後維持非政治化環境的難度。在防止反對派通過掌握議會權力而操縱特區政府的同時，也否定了建制派成為「執政黨」的機會。當年北京大概沒有想過，原來這樣的制度設計會將「愛國建制」推向「成功爭取」型民粹主義路線。諷刺地，這樣的建制幫不了特區政府的忙，反之這是未有計算在內的政治矛盾。從這個角度來看，特區政府在處理過海隧道分流、老人綜援金等問題時所遇到的阻力，不是只來自反對派。而這種狀況並不是孤立個別例子，而是香港政治發展的制度性問題。

弱勢建制

香港政治的一個奇怪的現象是，儘管反對派出現老化的問題十分嚴重，而且內部四分五裂，可是建制卻從來未能乘虛而入，爭取取得壓倒性的優勢。一方面，這是「愛國建制」的「先天不足」：北京監製和導演的回歸過程中，他們在重要關頭上必須歸隊，並做好自己的角色。這樣的安排差不多注定了他們無可能取得大多數港人的支持。建制派所要演的角色，跟多數香港市民的取向頗為格格不入。就算他們如何辦好福利，走入群體，盡量團結群眾，到了最後總是因為要在關鍵時間歸隊，因需要與中央路線一致而失分。而諷刺的是，正因為建制派經常被安排擔當上述角色，每遇上選舉便很容易為反對派所利用，作為攻擊的武器，以至就算反對陣營日趨老化，建制中人仍未能扭轉形勢，成為有力為特區政府護航、支配香港政局的主要力量。而建制派這項弱點，又會令北京對反對派更加諸多提防，怕他們令選舉過程、政府施政增添不確定性。可以這樣說，北京之所以需要處處提防，皆因建制派(工商界及「愛國建制」)沒有能力支撐大局、控制整個場面。

有時候我會在想，究竟「愛國建制」(或者也包括資產階級)要到了哪個時候才會很認真的、很正面的去想想，他們在實踐一國兩制上有何角色？應該做哪個角色？怎樣去做好角色？從協助國家好好落實一國兩制的角度出發，他們能否及會怎樣去擔當一種懂得思考，為香港社會作長遠打算的保守主義力量？建制做不好份內的工作，變相令北京不敢釋放更多空間，好讓整個政治局面不需要處處表現為北京與香港社會的對立。

在漫長的政治過渡期裏，「愛國建制」不單只未有更深入群眾，打開更廣泛的團結面，鞏固社會上支持的力度，而是長期停滯不前。他們的不濟令制度上的鬆綁變得充滿政治風險，同時也令一國兩制在實踐上空間愈來愈少。沒有一個具政治競爭優勢的建制，令北京更加步步為營，不願意將空間釋放出來。

第8章

當市場不再是保護罩

一國兩制的想法背後，有着一種「冷戰」時代的假設與想像。儘管香港回歸社會主義祖國的懷抱，但由於可以保住資本主義經濟(而同時又相信北京需要資本主義香港繼續作出經濟貢獻)，特別行政區將會受到市場經濟的保護。市場經濟有其制度、規範及行為邏輯等，只要北京及將來的特區政府不粗暴干預，不勉強逆市場邏輯而行，則特別行政區應可維持其理性的管理，按其原有的一套繼續發展下去。如何防止出現人為的錯誤(尤其是來自不懂市場經濟的北京)，是一個重要的關注點。而雖然沒有人願意把他們的思路說得清清楚楚，但在八、九十年代內地進行開放改革和香港將來可以維持其資本主義的另一制的大環境裏，不少人相信來自於市場經濟的動力，將會把社會主義馴服(這不一定就是「和平演變」，但最低限度可減少在社會主義制度下受到國家機器的粗暴干預)。

當時在很多人的心底裏，基於個人利益也好，基於一種頗為直觀的理解也好，是會相信國家經濟的市場化，乃改變原來那種中國式社會主義的契機。當國家變得愈市場化，它便需要減少政府的控制，容許更多活動通過市場、合約等新的機制來進行交換，如是者政治的影響力會逐漸降低，而賺取利潤、回應市場需要等考慮會變得愈來愈重要。而在這個「市場過渡」的過程中，一批新的人物、社群——早期只是個體戶，後來想到在體制外(如外資企業)打工的僱員，到九十年代後期才更具體的談到中產階級、私人企業主等——將會成為經濟、社會等不同領域中具影響力的社會力量。整體而言，大勢所趨，舊有的社會主義制度會被軟化。這是九七前一大批人一廂情願的想法，以為香港可以通過市場來馴服中國的社會主義式國家行為。有些人甚至會假設，只要社會主義國家走向市場化，它們便需要照單全收，將資本主義的上層建築也全套引進，例如所謂走向法治，就必然是採納英美的法律觀念。有朝一日，甚至政治制度也有可能進行改革。可是，現時我們所見的情況，並非如上面所提到的期望、估計的一樣：不錯，中國走向小康、富裕，但那新興的企業主、中產階級不見得會以一種獨立、超然的姿態來推動社會的改革；中國愈來愈強調依法治國，但它對法律、法治的理解，明顯地有別於英美等國家所想像的情況；中國的市場化有其特色，它能發揮市場的力量，不過卻並不是全面開放和按着市場規律來運作。現實的複雜性，顯然遠超於很多分析員的想像。

同時，很多人也會理所當然的覺得，在社會主義與資本主義兩大制度相遇時，後者(基於其經濟效率、制度上的透明度)將會處於優勢。所以，只要香港能夠在回歸後保持其市場資本主義制度，理應可以形成一種自我保護的機制，擋住社會主義的干預。

這些假設、想像源自於「冷戰」時代那種現代化理論的想法，資本主義經濟為現代化提供一個可持續的社會經濟基礎，有一定的優越性。當時所見到社會主義國家向市場經濟作出妥協，視之為優勝劣敗的後果。所以，保得住市場，就比較放心。

當然，後來發展出來的狀況，並非如原來所假設的一模一樣。社會主義的生命力——尤其是在中國這個個案而言——遠較「冷戰」思維所想像的強大。所謂「中國崩潰」的預言，近年仍時有所聞，但這似乎是一些人的主觀願望多於短期之內就會兑現的預測。而更重要的是，在過去二十年所見到的現象，明顯地不是「冷戰」框架、「市場過渡」之類的想像或分析所能掌握：經濟的市場化並不代表「國退民進」，令經濟權力分散，黨國失去操控社會經濟運作的能量；市場化所帶來的消費主義、生活上的自由化，也不代表公民社會必然順勢形成，並且削弱國家的力量；中產階級的(於數量上)壯大，也不等於民主化便有了一大群支持者；而最為有趣的是，曾幾何時，很多人以為社會主義通過市場化，市場商業行為愈來愈普遍，更多與外界(尤其是社會主義陣營以外的國家)通商，便不得不跟隨法律的要求，服膺於普世的價值與規範。誰都沒有想到，中國會反過來以它的法治來批評別人不依法辦事。同樣重要的是，又不是很久之前，很多人以為隨着中國參與全球化，勢必趨向採用國際標準、規範。誰都沒有想到，中國可以利用它的經濟規模，反過來「以我為主」，吸引他國跟隨它的標準、規範來處理事情。中國人口眾多，通過經濟發展而帶來生活水平的提高，形成龐大的消費市場力量。而在現實生活裏，市場力量就是影響力。簡而言之，在「冷戰」思維、現代化理論中很多「理所當然」未有如預期般出現；中國的崛起確實帶來了一個新的經濟、政治、社會現實。

至於具體而言，當出現了上述種種變化後，香港將會是一種甚麼狀況，香港社會對此沒有甚麼準備；在香港人的想像中，這很多程度上是空白的：整個社會既沒有在1997前將國家的經濟崛起放入規劃未來的估算之內，同時更沒有在回歸後認真評估當種種新興的經濟力量通過市場機制來跟特別行政區進行接觸的時候，將會是怎樣的一個局面。

這是香港的尷尬之九，由市場經濟所建構的「制度保護罩」明顯地已經逐漸改變了它的作用。曾幾何時，這是維持香港與內地之間於制度層面上持續存在一定的區隔的

重要元素，令社會主義難以在香港的資本主義土壤上起着支配的作用，現在卻反過來可能成為了內地最有塑造特別行政區的未來的主力槓桿。作為一個對外開放的經濟體，香港至今還未知道應該如何跟這個規模巨大的社會主義「鄰居」共處。

雙向流動

我在前面已經談過，香港與內地之間的經濟互動，在一段相當長的時間裏，基本上是前者的資本趁着後者的市場化而差不多可以自由地在國內流通，而後者並不會溢出境外(如果有的話，根本也不屬於是高度市場佔據率，影響力有限，不會構成威脅)對香港造成衝擊。不過隨着中國經濟的進一步市場化，則逐漸看見內地資源所能為香港經濟帶來好處的潛質。由企業到香港股票市場上市、消費者旅遊購物，到內地人來港於房地產市場進行投資，以至在港購買保險等，各類經濟活動的流動不單只更多更快進出香港市場，而且如水銀瀉地般，陸續滲透各個經濟環節。

很多時候，由於規模的效應，內地資金在香港的市場環境裏可以起着支配的作用。內地資本可以通過市場來影響香港，並且由金融、消費、不動產，逐步擴展到其他領域(例如媒體)，此乃原先構思中未有預見的狀況。而更令香港社會沒有充份準備的是，當這些來自內地的資金、消費活動到達特別行政區的時候，基本上並未有通過任何過濾的機制——當初以為香港可以有選擇性的吸納資金和接待消費者，尤其是憧憬富裕的極少數的高檔次消費，很快便演變為完全不一樣的局面。嚴格來說，這倒不是因為內地的經濟發展發生了一些出人意表的狀況，以至情況突變，而是香港對內地的巨變的判斷嚴重地落後於形勢的變化。當時意識到內地資金、消費力開始需要尋找出路，而香港「近水樓臺」，應可早着先機。見機不可失，而努力爭取這些經濟資源流入香港，這樣的想法和做法實在不難理解。而對於市場這個經濟活動載體一向充滿信心的香港人，基本上沒有怎樣想過要對經濟活動的流量做些甚麼管理的工作；理論上，市場機制自會調節，大門打開，財源滾滾來。

如果我說：一早就應該做好準備應對和管理的工作！這肯定是事後孔明。現在事後回頭再看一遍，在2000年前後，誰都沒有足夠的警覺。但後來再發展下去(甚至到了今時今日)，而依然缺乏危機意識，則不得不批評為後知後覺了。大門一經打開，「北水」如潮水般湧至。所謂「背靠祖國」，突然變得很實在。

嚴格來說，香港人對於新的經濟形勢，至今仍未反應過來。但明顯地，市場經濟再不是香港社會的一層保護罩。甚至反過來說，基於內地經濟的規模，由北往南的資金足以塑造香港的市場環境。無論是資本、企業層次的資金流通，還是民間的消費、投資，都因為量的作用，而令市場環境出現顯著的轉變。表面上，這些轉變就是商機。

但想深一層，尤其是考慮到香港的經濟轉型和長遠的競爭力，則必須區分哪些可以帶來正面積極作用，哪些只是表面和短暫的市場興旺，而非長久的、有助於升級轉型的經濟活動。放寬內地遊客到港旅遊和「自由行」的出現，釋出大量需求，而結果導致本地旅遊及相關的服務行業「癡肥」，就是一大教訓。內地遊客人數由2003年的850萬人次上升至2018年的5,100萬人次，其增長規模之大，實在驚人。若問：這不是財源滾滾來嗎？是的。但在十五年過去之後，香港的旅遊業和相關的服務業有好好利用這種新的市場條件而升級轉型、創新突破嗎？恐怕並不多見。反過來說，我們見到一種惰性的養成。以前的市場主導的環境逼人「醒目」，對不斷轉變的市場迅速回應，自覺要靈活、懂得「走位」。現在，龐大的市場和源源不絕的遊客反而令人變得被動，顯得不再進取。那龐大而且逐年快速增長的旅遊服務市場之所以持續做好，原因不是服務的質素不斷提高，吸引力大增，而是由內地溢出大量需求，就算沒有甚麼進步，亦一樣不愁沒有生意。

區域融合

正在這個時間，香港遇上一個更新的市場環境——粵港澳大灣區。區域發展與融合乃大勢所趨，當內地的資金、人口更多外出遊走時，它們更常更多通過市場的渠道溢出於其原來的活動範圍，而這並不會因為接收的一方喜歡與否而停頓下來。在這個意義上，無論有沒有大灣區的概念與政策，香港都不能避免要面對區域融合進一步深化的衝擊。從這個角度考慮，上文所討論內地各種資源、條件將隨之而繼續通過市場機制對香港產生影響；不過，香港則依然需要在新的環境裏摸索其活動空間。過去香港人和香港社會對市場的看法一直停留在抽象的層次上，鮮有認真探討在具體的制度環境裏(而在一國兩制下，這裏所指的是兩個並不一致的制度環境)市場如何運作。這一點「疏忽」既源於思維上的滯後，但更重要的是長期以來一廂情願的以為市場機制總是有利於資本主義的一方，而操作起來自然是香港得心應手，而未有想過市場如何在兩制底下操作，遠遠比想像的複雜。

區域融合的個核心概念是：流動。這包括資本的流動、人的流動、資訊的流動等等。如果區內各種資源未能暢順流通，則區域融合難以成功。而這正是目前香港在大灣區發展中遇到的最大難題，而這相信在未來的日子裏仍然會是一個不易處理的難題。

我們必須明白，一國兩制的概念本身便包含着一定程度上的區隔的元素，在保留兩制不同的制度的獨特性的時候，避免出現完全一體化的狀態。而這種區隔不單只是指資本主義與社會主義的互不干預，同時也指內地的行政管理制度(例如戶口制度)不適用於香港。當香港與內地的互動只屬有限程度，又或者主要限於前者單向的進入國內時，當然沒有甚麼問題。今天，我們所面對的挑戰是在新一回的區域融合，這個互動的過程已變為雙向，並且不一定由香港來主導，而那種狀況需要全新的理解和完全不一樣的回應的方法。而更複雜的是，內地的市場化是選擇性的、有限度的市場化。它操作的方法有別於香港人所熟悉的一套，背後存在一個起着支配作用的國家機器，有時通過國家政策來產生作用，有時由國家扶持的企業來扮演關鍵角色。相比之下，香港既沒有一個發展型的政府，同時企業及其他單位也不習慣於「抓政策」、接受分配指標，它們憑市場觸覺而不是等待政策來激發行動。有時候，香港的企業或其他機構對於北京的號召反應冷淡，多多少少跟制度環境上的格格不入有關。

但以上所講，還不是最重要的問題。更重要而一直都未有得到正視的一個問題是：特別行政區的處境很特別。舉例：近期政府大談大灣區機遇，假設只要令人的流動更為方便，就可以打開一個新的局面，港人北上取得新的機會——有的可以在新的環境裏創業、找到工作，有的可以考慮遷居、使用當地有的服務。不過，香港的一個老問題是人的流動性偏低，以至提供新的方便是一回事，有多少港人真的會因此而改變其活動範圍、空間策略又是另一回事。很多人會將這個流動性偏低的情況理解為個人主觀因素(例如抗拒到內地發展)，於是便毋須進一步研究為何區域融合長期未能動起來，而又自以為能夠把問題解釋過來。今天，其實一個十分重要的課題是，如何掃除一些制度性的障礙(由醫療、教育服務，到樓房限購)，而令大灣

參考材料三：規模效應

分析內地經濟活動如何衝擊香港社會、經濟，可從不同的例子入手。不過，最能説明規模效應而且又是一般市民都能感受得到的，一定是內地人士來港旅遊。圖8交代了由1996年至2019年年間訪港遊客的總數量和內地來港旅遊遊客的數目，而我們可以清楚看見，香港的旅遊業如何由一千萬遊客(1996年)的規模，增長至2018年一個服務六千多萬人次的行業。當中明顯地是因為內地訪港遊客急劇增長。而如圖8所顯示，2009–2014年年間，內地訪港旅客的增長，在實際人次上翻了一個翻。在此我不打算詳細分析內地訪港旅客的不同方面(例如大部份「自由行」均屬同日往返，以購物為主要目的)。要更深入瞭解，可參考鄭宏泰、尹寶珊，〈「自由行」十年回顧：探討香港與內地的融合進程與嬗變〉，香港中文大學香港亞太研究所，Occasional Paper No. 226, 2016; Yun-Wing Sung, Alex Ng, Yuhao Wu and Alex Yiu, "The Economic Benefits of Mainland Tourists for Hong Kong: The Individual Visit Scheme (IVS) and Multiple Entry Individual Visit Endorsements (M–Permit)." Occasional Paper No.34, Shanghai-Hong Kong Development Institute, 2015。旅客量的快速增長，給社會帶來重大衝擊。立法會秘書處資料研究組整理相關的統計，報告了2004–2013年間零售商店數目的變化(圖9)。

這份分析「個人遊」的簡報(立法會秘書處，〈研究簡報第6期：『個人遊』計劃，2014年5月〉指出了重要的一點：「商鋪租金的上升改變了銅鑼灣、尖沙咀、旺角等傳統旅遊區及其他東鐵沿線地區的零售格局。以內地訪港遊客為對象的購物商場和商鋪在上述地區激增，他們爭相售賣深受內地旅客歡迎的高檔產品(例如珠寶首飾、手錶、名貴皮革製品、電子產品、時裝等)和日用品(例如奶粉和美容/個人護理用品)。」其中售賣化妝品及個人護理用品的店鋪在十年內增加了1,500%，可以説是最為誇張的一個例子。與此同時，售賣一般糧食、家庭用品的非專門貨品店鋪，和書報及文具商店則減少了二至三成。這樣的轉變不單只改變了旅遊業及相關的服務行業，連旅遊區以外的社區亦受到重大衝擊。因進入國家市場，融合周邊區域，而帶來的龐大需求、人流、資金流，可對香港社會、經濟產生支配作用。內地港旅遊只是眾多例子之一，而缺乏管理意識，令市場活動演變為尖鋭的矛盾。

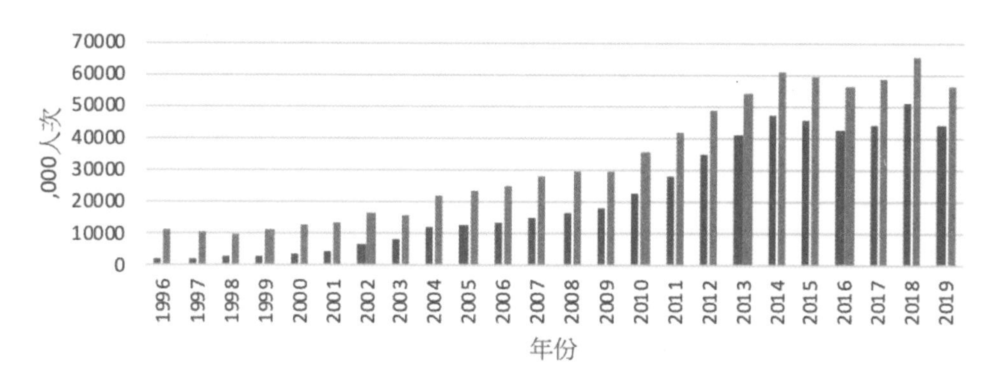

圖8　訪港遊客的總數量和內地來港旅遊遊客：1996–2019。
資料來源：《香港統計年刊》(香港：政府統計處，多年)。

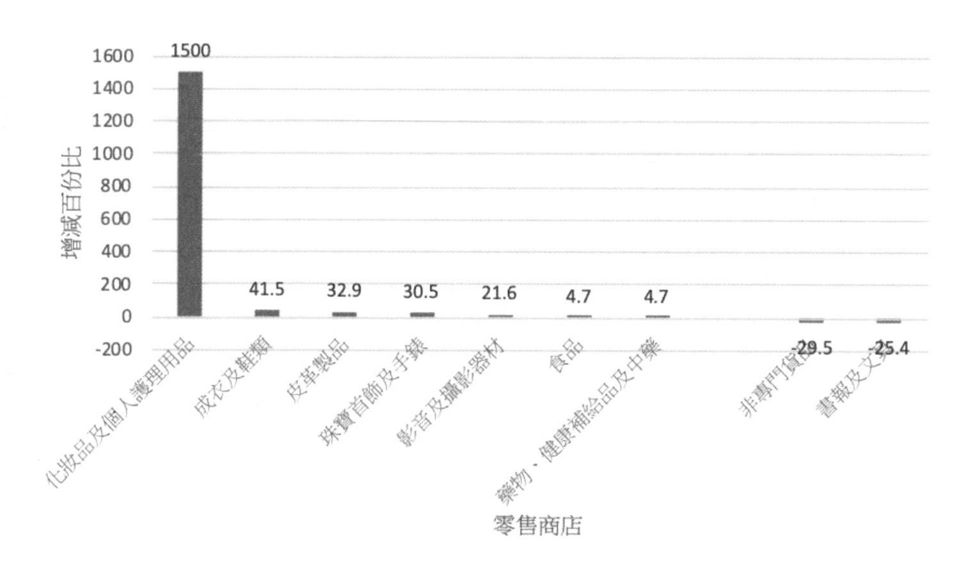

圖9　2004–2013年零售商店數目之增減(百份比)。資料來源：立法會秘書處，〈研究簡報第6期：『個人遊』計劃，2014年5月，頁9。

區的「大門」打開之後，區內地方層面的「小門」亦可隨之而開啟。未有正確評估這些日常生活層面上的障礙的反作用，而以為問題純粹在於個人主觀因素與惰性，無助於找到可行的方法來提高人的流動性。

重要的一點是，我們需要好好瞭解香港與周邊地方的市場關係與特點。理論上，只要打通特別行政區與內地的關卡，以大灣區人口眾多，對香港所能提供的專業服務需求甚殷。於是很多人的即時反應是將來灣區發展策略出台，港人——尤其是專業——理應大舉北上，進攻區域市場。但香港在大灣區內有一個頗為微妙的定位，乃凡內地服務使用者、消費者愈覺得需要南下搶購、要輪候始能夠取得的，才會變得最為吃香。所謂港式服務或香港質素，是跟香港這處地方緊密扣連的。經過近十多二十年香港與內地雙向互動之後，最有競爭力的服務(例如很有名氣的醫生)基本上沒有需要迎合需求而遷移，反而留在原有的地點更可以滿足內地市場(即是存在甚多跨境消費者)。這也就是說，對香港產品、服務的需求，會不斷由北而南，而這種狀況不一定會幫助相關的產業，由南而北的擴大版圖。最為有趣的是，愈是市場檔次較高的產品、服務，留在香港愈為有利。香港要爭取大灣區的市場，其實不需要轉移陣地，由北至南的需求，陸續有來。內地需要不會因為香港的高端服務未有往北遷移而失去興趣，而這種情況令香港社會出現了一個叫市民感到困惑的問題——服務的供應未有增加，而外來的需求卻不斷增長，本地人難免會逐漸感覺擁擠，供不應求，自己的利益被分薄，產生不滿。

至於吸引港人遷居，更多使用內地資源、服務，則是一個老掉牙的故事，一是誘因不足(內地生活指數早已上升，並非很多人能負擔的退休後的選擇)，二是老年人口的照顧，離不開家庭和社會網絡，過去多年都無法扭轉整個港人退休後的安排，未來五年十年亦很難想像會有所突破。要改變以上情況，於政策層面上打通一些關節，例如方便香港人參與社會保險，又或者放寬購買物業的限制，當然不會完全沒有效果，但卻未足以移風易俗，改變香港人於生活層面的流動性。要更全面的處理相關的問題，我們需要認清楚兩制對於全面流動的約束，從中瞭解究竟於一國兩制的框架內，區域融合可以是怎樣的一種發展與形態。

融合所帶來的衝擊

一國兩制的框架從來未有預想過，有朝一日特區與內地在各種資源的流通上變為暢行無阻。或者，彼此雙方亦不一定想見到「一體化」的發展；如果真的是「一體化」的話，那又何來兩個制度呢？

但維持兩制而不正視區域生活的融合趨勢，則我們一定會見各種各樣的奇怪問題。內地市場力量壯大而且逐漸在香港產生支配作用，肯定會給香港人造成焦慮。這個問題並不可能簡單的説一句「讓市場來決定」而可以解決；對於這個香港很特殊的狀態，需要瞭解和細緻的分析。如何管理兩地互動及各種南下的人流、資金流，而又不會造成不必要的區隔，是一個不易處理的問題。

而香港如何進入大灣區以至國家的其他地方，有機地相互扣連起來，也是較想像中複雜的事情。畢竟國家的社會經濟環境，並非完全市場化，平面一個，只要符合市場經濟原則，便會動起來。站在香港的角度來看，它的高度市場化的優勢，不保證可以在國內暢通無阻。

兩制底下的市場機制存在這樣那樣的矛盾，以前不覺得有問題，是因為曾經是單向地向香港——尤其是港資——傾斜，而不是雙向互動。今時不同往日，形勢早已大變，舊有的模式不能重複再用。但我們又一直都未有真正見到特區政府有一套完整的區域策略。我們會聽到或見到口號、姿態，不過卻長期都未有見到區域規模的部署。面對晚近二十年所顯露的矛盾，究竟應該如何處理相關問題，已不能繼續假裝它們並不存在，又或者視而不見，不作回應。而面對不斷轉變的宏觀佈局，同樣需要新的認知和策略。

結語

答案[恐怕]還是一國兩制

究竟特別行政區應該有幾「特」？這個問題已經多年沒有提出來了；在香港如是，相信於北京亦一樣。但曾幾何時，這是一個受到重視，認為是十分重要的提問：既然是特別行政區，就的確應該要「特」。

但尷尬的問題是：如果提問是關於特別行政區有幾「特」，那不是等於對一國兩制的大框架沒有任何疑問嗎？但假如探討的空間不在於特別行政區有幾「特」，那麼討論又建立在一種怎樣的國家與特區的關係之上呢？隨着時間的過去，內地與香港的矛盾日漸呈現出來，這個提問再容不下支吾以對，要改變提問的方式的話，必須正面面對香港的政治地位的問題。所以，面向未來，香港社會和香港人應該怎樣提出他們的提問呢？還是在一國兩制的框框內轉來轉去嗎？仍要思考「究竟特區應該有幾『特』？」的問題嗎？還是索性將這個框架推倒，另謀

出路呢？他們是希望到了2047年而現有制度不變？還是在2022年前後(即「五十年不變」踏入中期)，來一次重新檢視？要一國一制？還是一些人很想提出，而至今仍未敢很清楚地宣諸於口的另一種一國兩制呢？又或者是完完全全的離開一國兩制的框架？這是香港的尷尬之十，究竟應該站立在甚麼的一個位置上談一國兩制及它的未來，香港人至今仍未想得很清楚。

究竟是提問？還是不提問？當中的問題是複雜的。這邊廂，一方強調「不變型，不走樣」，繼續按他們的理解來解讀何謂一國兩制。從這個思路來看香港的未來，其實無論這個特別行政區演變為怎樣的面貌，它永遠是「成功實踐」的「最佳例子」。那邊廂，另一方則覺得一國兩制逐漸變得未符合他們所期望享有的「高度的自治權」，存在明顯的落差。但他們願意跟北京討論在國家主權框框裏的「高度的自治權」嗎？又不見得。真的早就做好準備開門見山嗎？似乎又不是這樣。因此，日後雙方進行一國兩制討論時(如果會發生的話)，大有可能各自有很不一樣的説法。而假如討論以這種形式進行，則肯定爭拗不絕，而且雙方均不會進入對方的論述之內，作實質上有意義的辯論。我甚至在今天這個位置也可以想像得到，那一場所謂的辯論只會是一個僵局，不會有真正的對話，而很自然地也不會有甚麼建設性的結果。

我之所以提出上面的問題，倒不是因為我認為一國兩制的框架已經過時，陷於所謂的「窮途末路」的處境，又或者不再適用於未來的環境，而是因為近年香港政治存在一種新趨勢，是逐漸流行很隨意的講一番豪情壯語，凸顯無底線的精神，講求「你可以去得幾盡？」，以至「二次前途討論」或者重新商討一國兩制的説法很隨意的拋到公眾議論的空間，在未想好議程之前，已拋出討論的題目，具體而言將會如何發展下去，到時再作打算。這種處理討論的手法隨時一發不可收拾，成為任由群眾的情緒來主導的政治過程，而最後可能是事與願違，得不償失。我想強調的是，如果真的想打開一國兩制的議題，將它放上社會的公眾議程之上，甚至成為一個跟中央政府討論的題目，必須深思熟慮，而不是將話題打開之後，要怎樣討論，又或者朝哪個方向來討論，到時自有分曉。所謂覆水難收，有很多事情並不是「難道連隨便説一下都不可以嗎？」。凡事都有後果，而在採取行動之前，的確需要想得清清楚楚。一時之快，往往無法控制後來演變出怎樣的一個局面。所謂三思而後行，肯定不是過時的想法、做法。一國兩制事關重大，那就更需要好好思考和把問題想清楚。

特別行政區的「特」

香港作為一個特別行政區，所謂的「特」，在於一國之內它有另一套制度。這另一套制度的一個重要組成部份，是資本主義市場經濟。所謂「一個國家，兩個制度」方針的核心，是「不在香港實行社會主義的制度和政策」。但資本主義經濟得以維持，又不單純是一個市場運作的問題。所以，這個另一個制度還要包括其他令香港社會經濟成功發展的元素，當中「香港原有法律……予以保留。」(基本法第8條)而基於同樣的精神，還包括宗教信仰自由、「言論、新聞、出版的自由，結社、集會、遊行、示威的自由，組織和參加工會、罷工的權利和自由」(第27條)、「通訊自由和通訊秘密受法律的保護」(第30條)等等。從上世紀八十年代的角度來看，將來香港特別行政區得以成功落實，需要市場經濟以外很多制度性因素的配合。那「不在香港實行社會主義的制度和政策」的承諾，還包括社會領域的部份。套用當年的用語，一國兩制並不單只是維持原有的經濟基礎不變，而且還包括上層建築的部份，者結合起來是一個整體。而當中在香港人眼中，很重要的一環是政治及社會制度對個人自由的保障。

香港是特別行政區，而不只是一個一國底下的「超級經濟特區」，只要有資本主義市場經濟、擁有另一種所有制的制度便足夠了。香港作為一個特別行政區，特別於它擁有一種「相對自主性」：基於這種另一個制度的完整性，喜歡也好不喜歡也好，我們在處理每一件事情的時候，都需要在這個制度框架裏走一圈。我不懂法學，不知如何表達國家與特別行政區的關係。但王振民在2004年撰寫「略論中央和特區的關係——國家主權和高度自治」一文(收於《「一國兩制」與基本法：歷史、現實與未來》書內)有過這樣的解釋：

> 作為憲法性法律的香港特別行政區基本法是特別行政區的小憲法，它的一個重要功能就是根據「一國兩制」的原則，把中央與特區的這種**關係法律化**，一方面賦予特區各種高度自治權，另外一方面，基本法要明確規定體現國家主權的內容，讓中央政府能夠正常行使對特別行政區的政治主權。也就是説，基本法對中央和特區各自享有的權力責任要作出明確的規定。[着重號文字乃本文作者所加上]

由於存在關係的法律化，如何操作一國兩制、「高度自治」便不是一件某方單方面可以直接按其意願而支配的事情。對某些人來説，這可能是費時失事，但在大部份香港人眼中，這是規範、應有的程序。在特區管治的問題上，其中一項挑戰正是如何具體地以這些規範、程序來處理社會上的大小事情。

在這個問題上，我們需要注意兩點：首先，一國兩制這個妥協性的安排，有其歷史背景。今天，或者很多人不想舊事重提，又或者認為由上世紀八十年代初到今天，已經發生了很多轉變，沒有必要將昔日的考慮作為參考，而是應該向前看，目光放在未來，所以並不需要考慮原來的歷史背景。但無論主觀上有何期望，我們必須明白，當年的憂慮早已轉變為文字，寫入基本法。從負面的角度來看，那是為了防範內地制度惡劣的一面(例如對個人權利保障的不足)影響香港；但若由正面的角度出發，則那是維持香港(在任何政治環境、社會制度裏)繼續以資本主義形式運作不可缺少的制度建設。在香港人眼中，這是一份「契約」，而不是一時回應社會形勢的「政策」。後者可以隨着社會、經濟、政治環境的轉變和需要而進行修改、調整，改動過之後又可以再一次修改，有時甚至可以索性把它取消，到有需要的時候才重新引入。但作為「契約」，情況就很不一樣。它對訂定契約的雙方都有束縛的能力，在某個意義上，它是凌駕於甲、乙兩方之上，就算大家都覺得要作出一些改變，還是需要在原來契約的框架內、按既有的程序去尋找改變的依據、介入點和可行的處理方法。簡單的說，就是需要在框框之內走一圈。

我完全可以明白，在很多人眼中，這是費時失事，阻手阻腳。為甚麼本來是大家訂定出來的東西，現在卻成為了卡在彼此中間的障礙，由一件工具轉變為騎在雙方頭上的死物？與此同時，我亦清楚知道，也有些人會利用框架、程序、條文的存在，而嘗試以此來阻礙一些有必要的改變。當年所訂下的框架不可能完全預見未來環境所帶來的衝擊，滴水不漏，確實不可能不顧新形勢所產生的新需要，堅持「不變」，莫視應對發展所必須作出的回應。問題是：在「契約」的規範之下，香港作為特別行政區不是「不變」，而是要在框架之內找到處理轉變的程序與方法。這個過程可能會令部份人士覺得煩厭，又或者缺乏效率，但如果繞過現存的框框，則會偏離於「契約」的概念。

第二點是既然一國兩制容許兩制共存，意思就是1997年的過渡並非追求斷裂，而是希望維持穩定，令香港於殖民地年代賴以成功的制度因素，得以延續。

舉例：「香港特別行政區的行政機關、立法機關和司法機關，除使用中文外，還可使用英文，英文也是正式語文。」(基本法第9條)假如某一些人單從意識形態的角度來看待這個問題，當然會覺得這成何體統。既然已回歸祖國，為何還容許英語佔有如此重要的地位呢？但在一國兩制的框架裏，則使用英語既反映香港的國際化特色，同時對其經濟發展及鞏固財經中心的地位起着正面作用，從實際角度，這有保留的價值。更重要的，那是香港社會的文化特色及傳統，基於尊重原有生活及文化，這樣的安排就更有意思。將一國兩制應用到1997年之後的香港，一個核心觀念是回歸前的制度得以延續，繼續發揮原有的優勢。一國兩制的成功實踐，需要有這樣的一份自覺，自覺到回歸並不是一次將舊制度完全顛倒過來的工程。在最表面的層次來看，這是要「充份利用」香港在其百多年的殖民經驗所累積的一些東西。在深一層的層次上，則香港所累積、沉澱的東西，本身就有一定的價值，有值得學習、吸收的地方。

法律是另一個例子。基本法第一章「總則」下第8條：「香港原有法律，即普通法、衡平法、條例、附屬立法和習慣法，除同本法相抵觸或經香港特別行政區的立法機關作出修改者外，予以保留。」而盡量保留原來的法律制度

(再加上在港設立終審法庭)，當然還有第四章第四節有關司法機關的部份。這樣的安排部份是回應香港人的憂慮——問題不單只在於對國內法治水平的不信任，而且他們還覺得維持法律制度有助於彌補制度上其他方面的不足，當中政治民主化的滯後可由人權與自由的保障來補上。在主流意見裏面，法治差不多一致地視為維護香港社會的核心元素。與此同時，這樣的安排也滿足北京的需要。對當時推行開放改革，重新進入世界經濟體系的中國而言，正小心翼翼的瞭解如何跟外界開展經貿關係，不單只需要參考香港的經驗，更要好好利用它的制度工具，而法律是其中重要的一環。當年香港的法律及其制度，乃北京希望可以充份發揮其積極性的制度元素。

所以，一國兩制的想法本身並非以鏟除舊有事物，全面去殖民為首要任務。關於這一點，李瑞環於1995年所提出的「紫砂茶壺論」，就講得很清楚了。一個有價值的紫砂茶壺之所以寶貴，除了它的歷史、手工之外，還有壺內的茶垢。如果把茶垢統統洗去，那個茶壺便沒有意思了。

不過，今天從事後的角度去審視香港特別行政區的發展，卻有不少親北京人士覺得，去殖民的工作明顯地做得並不足夠，以至已經回歸二十多年，仍有人心背離的現象。而出現「港獨」的聲音，就更加顯示意識形態工作的落後。面對這樣的一個局面，有人認為有需要加強去殖民的工作，尤其是在年輕人的圈子中，令戀殖思想不會進一步擴散。但正如前面所講，尷尬的是保留某些殖民地元素，乃一國兩制的設計的其中一環，而要「斬草除根」則在某個意義上會令當初的想法「走樣」。從這個角度來看，「後九七」香港社會要考慮的問題倒不是特區是否仍然保留這樣或那樣的「殖民時代遺產」，而是如何理解繼續承接這些制度性的、文化的元素的意義。這也就是說，問題不在於壓抑，反而是應該更認真的瞭解當中的內涵，做好消化和吸收。

一個關於管理的問題

一國兩制的想法既有其原則性(當中國家主權明顯地是核心概念)，也有其實用主義的性質。但說來奇怪，過去很多關於一國兩制的討論，偏向於規範性，談很多它應該怎樣，而較少研究如何操作這個(鄧小平於1984年會見香港基本法起草委員會委員時的講話中所提到的)「新事物」。我的意思是，要成功落實一國兩制，需要有管理、經營的視野；它的成功與否，不是決定於相關的思想如何偉大，理想上或原則上如何正確，而是應用到具體的環境裏，怎樣適應、調整、重構。這個關於操作的提問，涉及框架、束縛，但也關乎留白、空間。對北京，對香港，對建制，對反對派，這都是必須認真對待的課題。

不過，現實上，這個管理的問題最不受重視。對北京來說，一國兩制由始至終都是理論的、原則性的問題，一定「行得通，做得到」，而且「得民心」。如果沒有外部勢力，沒有一些別有用心的人士，沒有一些一直未能接受一國的大原則的阻力，問題不會發生。對香港而言，建制派不敢有太多意見(避免未能配合北京的調子)，而反對派則無意進入相關的討論(以免需要在一國兩制的問題上清楚表示態度)。於是，如何經營管理的提問，總是不會提出來。

但正如前面各章的分析與討論所指出，現實的情況是，內地與香港的聯繫、往來、互動早已發生顯著的轉變，而有很多方面，早已超出了原來的框架的假設，而且必須正面面對。可是，當各方都繼續停留在原來的位置之上，不願意踏出一步時，則討論、檢討、調整、修改基本上不會發生。在北京方面，既然無論於思想或路線層面上一國兩制均正確無誤，何來討論、檢討、調整、修改的需要？在香港方面，我相信很多人都意識到問題的存在，不過卻因為種種理由而避開相關的討論：有的因為擔心犯上政治不正確的錯誤，因為參與討論而等於認同一國兩制；有的認為已經錯過了最好的時機，到了今天最好不要提到修改基本法，以免北京藉此機會將框框收得更緊；有的在最根本的立場上就不接受中國主權的前提，以怎樣的方式進行也講不下去……。雙方似乎都不想講清楚，擺在面前是些甚麼難題，需要朝着哪個方向來尋找解決的方法。在這樣的狀態下，本來很需要檢討、反思、修訂的，如無意外雙方繼續迴避問題。

但迴避不等於沒有矛盾、張力、衝突。我們今天已觀察得到的問題，不會無緣無故自動消失。以前有人認為有些問題會隨着時間的過去而淡化，現在事後大家都明白那是太天真的想法。事實上，不少難題是因為未有及早正視，而變得更為棘手。但最為尷尬的地方是，明知問題的存在和嚴重性，卻連議題、議程也無法講得一清二楚。

多幾個「香港」

經過二十多年的實踐，我們必須明白，不單只是前面所討論過，內外的環境改變了，而且大家對未來的理解和想像亦起了變化。我在前面已經提過，當初一國兩制的構思，背後存在冷戰時代的思維，雖然從來沒有清楚説明，但在字裏行間呈現出來。而當中一個假設，是某種形式的趨同論。對當時充滿自信的香港人來説，資本主義市場經濟大有可能通過經濟活動來馴服社會主義體系。經過開放改革、與世界經濟接軌，中國不可能一成不變。而事實上，在當時的中央領導人眼中，他們似乎也假設某程度的趨同將會在中國社會發生，以至日後內地與特區的差異，是走向收窄而不是擴大。鄧小平在1988年以「要吸收國際的經驗」為題的講話，便很有意思：

> 對香港的政策，我們承諾了1997年以後五十年不變，這個承諾是鄭重的。為甚麼説五十年不變？這是有根據的，不只是為了安定香港的人心，而是考慮到香港

的繁榮和穩定同中國的發展戰略有着密切的關聯。中國的發展戰略需要的時間，除了這個世紀的十二年以外，下個世紀還要五十年，那末五十年怎麼能變呢？現在有一個香港，我們在內地還要造幾個「香港」，就是説，為了實現我們的發展戰略目標，要更加開放。既然這樣，怎麼會改變對香港的政策呢？實際上，五十年只是一個形象的講法，五十年後也不會變。前五十年是不能變，五十年之後是不需要變。所以，這不是信口開河。

1997年以後的五十年不變的基礎，是內地將會變得「更加開放」，會多幾個「香港」。當然，領導人是堅持社會主義道路的，但投射出來的那個未來圖像，乃將來中國可以容納更多像香港般的「第二制」。在這樣的估算和想像底下，香港的五十年不變不會是一個問題，而到期時是否仍然不變也不會是一個大問題(因為到時這樣的「第二制」已不再是例外中的例外，而是融入於主流體制的一部份)。這一種未來想像的重要性不單只在於可以令香港人放下憂慮，覺得一國兩制不是「信口開河」，而且也可以他們容忍一些轉變的阻滯和期待一個更開放的未來——因為將來國家正朝向我們熟悉的方向，中間發生跟期望有所落差，亦不是甚麼大問題，事關轉變正在發生之中，只差時間上的遲早。

上述那種未來想像能令人較易容忍漸進的改變，甚至在轉變途上遇上挫折，仍能對長遠的發展保持希望。今天，對很多香港人來説，這種想像已失去了説服力。國家可能在經濟領域上保持開放，同時亦會繼續改革，但在文化、政治方面則已慢慢定型，威權的核心不會軟化，而進一步市場化也不會帶來更自由化的發展。事實上，在最新的資訊科技的協助下，國家的監控力大大提升，而不是很多人所期待的進一步個人化。**原來的趨同論的終端不再是置定的那個圖像，給香港人提出了重大的挑戰——國內的體制就是這個面貌，中、短期內不會出現重大轉變，那麼香港及香港人如何面對與自處**？

理論上，上面這個問題早在上世紀八、九十年代便應該好好想過，不過現實卻是在回歸二十多年之後才變為一個很貼近生活的提問。大家沒有想過的是，現在回應這個提問，比較以前更為困難。

大辯論

從某個角度來看，香港從來未有很嚴肅和認真的辯論「港獨」，並不見得是聰明的做法。其實，香港需要一場認真的辯論，把這個問題講清楚。

我當然明白，很多人——甚至是大部份人——都會覺得沒有這個需要。堅決反對「港獨」的人會認為，這個題目連提出來也不應該，更何來討論的必要呢？也有持反對意見的覺得，這觸及國家主權，談不得。以上的想法，視這個題目為禁忌，是不准談；單是談論本身，就是一種錯誤。

上面對「港獨」的反應屬道德性的，一開口便是關於對與錯(嚴格來說，甚至只可以是錯的，一定要予以譴責)，沒有任何討論的空間。所以，那從來就不是討論，只會問：怎可能有這樣錯誤的念頭？雙方的「對話」(如果可以稱為對話)大概到此便會告終。

另一種反應則是走到另一邊的極端，純粹談可行性，而不問其他：北京會容許「港獨」嗎？香港的食水、食物供應能擺脱對中國大陸的依賴嗎？香港能承受跟中國決裂嗎？這一種反應的特點是因為不可行，所以也就沒有必要討論下去，就算很想獨立，也會因為不可行而覺得不需要繼續談論。因此，討論也是在開始之前就已經結束。

不少人以為搞清楚「不應該」和「不可行」之後，「港獨」話題大可結束，並且已完全回應存這種念頭的人士的疑問。當然，我想説的是，實際的情況並非如此。對很多人來説，「不應該」只是某一方的立場，並不應因此而否定另一方對自主的追求；對一方而言的「不應該」，往往就是另一方的「很應該」與追求的理想。至於「不可行」，那只是説明困難與挑戰是多麼的巨大，所以不應就此否定它背後的原則和理念；追求可行性低的理想，這本身不是錯誤。單純以「不應該」和「不可行」來否定討論的必要，不足以説服持這種主張、信念的人士，也不足以就此宣佈討論大可休矣。

其實對主張「港獨」的人士的最大挑戰，不是北京(因為他們的反對完全在預計之內)，也不是食水、食物供應(鹹水化淡是一個財政問題，不是解決不了，而是怎樣負擔相關的開支)，而是如何說服其他也是在香港生活的香港人，認同走向獨立才是整個社會最好的出路。抱「港獨」主張的人士，必須向公眾解釋：在實現獨立過程之中，需要付出甚麼代價？(例如：會否發生武力衝突？怎樣面對那一定會變得充滿敵意的中國？)在踏上獨立的路途上，打算實現哪些理想？(獨立是手段？通過這個方式來將香港打造為一個更理想的社會？那個理想具體而言是甚麼？還是獨立本身就是目標？大家都不能接受中國人這個身份？)而有機會成為一個獨立國家之後，他們打算怎樣為不同背景與條件的國民，提供美好的生活呢？(建國策略有些甚麼具體內容？怎樣令到時一定受到中國孤立的香港發奮圖強？令無論性別、種族、年齡、階級的香港人都有更美好的生活？還是到時香港將會是一個高增值的小國，只能容納高學歷或高技術的人？)

我明白，在某一個陣營裏，對很多人來說，只要聽到「港獨」便覺得大逆不道，哪有耐性再聽他們有何主張？而在另一陣營裏，也有很多人覺得，只要提出「港獨」便已足夠，其他考慮都不重要。這聽起來是立場堅定，已有決定，但實際上雙方對於「港獨」的理解，近乎空白。**香港的政治環境最有趣的地方是，兩個陣營樂於見到這個狀態，正因為是這樣，雙方都不需要認真思考當中的問題**

——反對的與贊成的都只是在叫口號，從來就不需要將問題想得具體一點。而又因為雙方都以這種態度來處理問題，大家可以不斷地重覆擺出政治姿態，不談內容，亦足以維持一定的社會(或應説是媒介所呈現的)關注。

更重要的是，主張「港獨」的人士除了需要豐富其政治理念、綱領之外，還要想好一個很實在的問題，就是他們打算怎樣面對那些持不同意見香港人？是少數服從多數？讓一個簡單的民主程序來決定這套主張的前途？還是假設那少數人是社會的先鋒，其他人只有跟隨，而不得反對？因為後者長期甘於安逸，所以他們的意見不應平等對待？政治先鋒可以向思想落後的群眾專政？究竟「港獨」可以怎樣操作，結集成為大眾認同的政治綱領？還是「港獨」只是一種聲音——一種不會赴諸實踐的虛擬主張？

對我來説，到了最後，是哪個答案都沒有甚麼所謂，有所謂的是我們的政治需要有內容。在這個問題上，實在存在太多空白，有待填補的地方。而近年在香港最為奇怪的地方是，愈來愈多人不單只不介意沒有詳細交代內容的政治主張，他們甚至會視它們為爭取實現的理想，憑它們來指引政治策略與行動。在這樣的情況下，香港政治呈現出一種十分古怪的特質——政治溫度不斷上升，而很多人決定為了理想不怕犧牲，願意灑熱血的同時，這種新興的香港政治其實虛浮、躁動，表面上的激烈(其實是激動)，掩飾了內在的虛無。

進入話題

在一定程度上，無論是「港獨」也好，或者自主也好，甚至一國兩制也好，在香港它們統統都只是政治修辭。很多人早已談論過一國兩制，又或者正在討論的過程之中，對這個概念很有(肯定的或否定的)意見。不過，進入/介入個議題又是另一回事。

這是我在開初所講香港從來未有進入一國兩制的議題的狀態。

我們需要對自己老實：無論是哪一種主張，都需要很實在的面對一系列問題：國家主權、中央政府管理範圍都不是含糊的概念，而是必須考慮它們在具體環境裏如何操作。從這個角度來看，甚麼除了國防、外交之外，其他事情北京不會插手，那恐怕只是虛詞。我們喜歡也好，不喜歡也好，現實中存在中央政府與特別行政區的關係，而這個關係是權力關係。

所以，談到「高度自治」時，是關於自治的程度。同樣，喜歡也好，不喜歡也好，香港是「直轄於中央人民政府」的「一個享有高度自治權的地方行政區域」(第12條)。「全國人民代表大會授權香港特別行政區依照本法的規定實行高度自治，享有行政管理權、立法權、獨立的司法權和終審權。」(第2條)同樣，這裏存在中央政府與特別行政區的關係。

一個早已習慣自由、重視個人空間的香港社會，要面對一個威權主義的國家，並且要掌握到相處的方法，的確是一件不容易的事情。但這個題目並非突然出現在香港人的面前，而是在過去三十多年的時間裏一直需要回答的「試題」。

我會明白，對很多人來説，他們已厭倦了在既有的權力關係與框框內思考和尋找空間。也有很多人覺得在「有生之年」未能見證翻天覆地的改變乃人生憾事；他們沒有興趣等待。同時，亦有很多人認為與其接受某種妥協的安排，不如將一切都推倒再算。但如我在前面所説，最後的選擇不是誰最正確的問題，而是哪個意見能夠説服最多人跟從，大家都接受那是一條出路。

每一種選擇都有它的代價。

問題也不在於代價是否太大，而是在某一個歷史時空底下，當時的人作出甚麼決定和怎樣作出他們的決定。